聖嚴法師

觀音妙智

觀音菩薩耳根圓通法門講要

編者序

在一場佛陀說法的盛會中，觀世音菩薩曾向大眾介紹自己用以修行成道的禪修方法，這個方法是將耳根的聽聞對象由一般的外在聲音轉向內在的自性，體證萬法的自性本空，達到圓滿通達的大智慧境界，這個方法稱為「耳根圓通法門」，它也是所謂的「觀音法門」。這一段內容，記載於《楞嚴經》第六卷。

《楞嚴經》共計十卷，涵蓋了多元的佛教思想，不僅解釋佛性，闡述宇宙、人生的形成與現象，亦介紹了各大菩薩的二十五種證道法門，其中以耳根圓通法門所占的篇幅最長、內容最豐富、流通也最廣。

聖嚴法師從一九八四年十二月於美國紐約的東初禪寺開始講解《楞嚴經》，其中的耳根圓通部分，從一九九五年十一月開始，至二〇〇五年六月為止，前後歷時將近十年之久。本書是從講經期間的四十八場講座、五十八卷錄音帶中整理、編輯而成。法師親自修訂，於不足之處錄音補充，並於二〇〇七年五月二日，在晚年養病的臺北中正精舍完成修訂。全書保留了法師生前審定的「問答」部分，法鼓文化經過一年多的編輯，延宕多時，至今日出版。

書中依據經文次第逐句探討，從觀音菩薩自述入道因緣、成就的境界、功德以及加持力談起，再描述觀音菩薩藉由「耳根圓通法門」，以聞、思、修入三摩地，成就無上佛道。接著，透過佛陀與文殊師利菩薩的問答，分別評析二十五種圓通法門的修行原理，並總結道：雖然每一種法門有所不同，所達成的境界卻是相同的。而在末法時代，祈求出離娑婆世界的人，以修習觀音菩薩的「耳根圓通法門」最為方便、最容易成就。最後，為避免行者在修行過程中墮入魔境，佛陀提出了「斷淫、斷殺、斷偷、斷妄語」四種「清淨明誨」，做為行者所應堅持的淨戒準則。

除了義理的探究之外，法師將深奧的經義內涵，帶入現實生活中，讓現代人能實際體會佛法的利益。書中所舉出的生活化譬喻和故事，將經文中的理論，轉化為每日生活中可隨時隨地實踐的材料。例如：我們能以聽聞聲音來攝心開始，把聲音當成單純的聲音，不添加自己的分別妄念。如果去計較、分別，產生好惡之心，就會產生各種煩惱。因此，若能「反聞聞自性」，聽聞來自本性的美妙樂音，進而聽見一切現象的本質——空性，就能息滅煩惱的烈火了。

本書不但是聖嚴法師的第一本《楞嚴》解經專書，也是有心深入觀音法門者，一份彌足珍貴的參考資料。過去，凡是作者的經典系列新書，一向由法師親自寫序，然法師已於二〇〇九年二月三日捨報圓寂，已無法再收到法師親書的自序了。僅以此編者序向讀者們說明，並祈願聖嚴法師乘願再來、廣度眾生。

此書的成就，感恩姚果莊居士的用心聽打整理、溫天河老師的校讀。雖然法師色身不在，但法身常存，細讀此書，宛如聖嚴法師再次陞座說法。

法鼓文化編輯部

導讀

反聞聞自性

——回到生命活水的源頭

聖嚴法師的《觀音妙智——觀音菩薩耳根圓通法門講要》，是一部令人讚歎的巨作！這部巨作之所以令人讚歎，不僅僅是因為它註釋了被一般教友視為難讀的《楞嚴經》第六卷觀世音菩薩耳根圓通法門，還因為它闡述了一個難信、難入的法門：耳朵可以「看」東西，眼睛可以「聽」聲音！——所謂「六根互用」。

海倫．凱勒（Helen Keller，一八八〇——一九六八年）是上個世紀的美國知名作家，在她的傳記中曾提到：在她還是個少女時，她的家庭教師曾播放黑膠唱片，讓她「聆聽」貝多芬的交響曲。這個耳朵全聾的小女生，用她的手，觸摸放著唱機的木桌，然後興奮地說：「貝多芬的音樂，讓我好感動呀！」

許多人都知道，貝多芬在創作第九交響曲《合唱》時，耳朵也是全聾。然而，神祕的音符卻像泉湧一般湧自心頭，偉大的交響曲終於完成了！

事實上，許多教友也都有相似的經驗：明明閉緊嘴巴，嘴唇和喉頭一動也不動，卻能了了分明「聽」到自己念佛、念咒的聲音。

為何一個全聾的人，用手可以「聽」音樂，用「心」可以作出美妙的曲子？為何嘴巴不出聲，卻也能夠「聽」到佛號、咒語？「耳根圓通法門」可以讓我們得到滿意的答案。

「耳根圓通法門」說的是：住在南海普陀山的觀音菩薩，如何用他的耳朵，聽聞海潮音，然後悟入「自性」，最後不但達到耳根圓滿通達，連其他五根——眼、鼻、舌、身、意，也全都圓滿通達，也就是「六根互用」的境界。

什麼是「六根互用」呢？那就是：用手（身根）可以「聽」音樂，乃至用心（意根）可以「聽」佛號、咒語。

唐代的洞山良价禪師，專參「無情說法」公案。草木無情怎能講經說法？即使它們真能講經說法，我們人又怎能「聽」到？在洞山禪師不休不眠的參悟之下，最後終於悟入「無情說法」的真義，悟後還寫了一首詩：

也大奇，也大奇！無情說法不思議！若將耳聽終難會，眼處聞聲方得知。

原來，要體悟無情說法的道理，不能只是「耳聽」，還要用眼睛「聽」，所謂「眼處聞聲」呀！

「眼處聞聲」可以悟入無情說法的道理，用鼻、舌、身、意也可以悟入嗎？當然可以！這就是「六根圓通」、「六根互用」。而「耳根圓通法門」說的，正是這個我們與生俱來，本來就有的能力。

這個能力既然與生俱來，為何現在卻沒有？原因是我們沒有悟入聲音的「自性」。聖嚴法師在《觀音妙智——觀音菩薩耳根圓通法門講要》這本巨作當中，曾這樣說：

《楞嚴經》中提到「觀音法門」的特性，即是「聞」——用耳根聞聲。聞什麼聲？這個聲音不是外在的聲音，也不是音響的聲音，而是收攝心意，「反聞」聲音的自性，以及一切萬法的自性。（見〈緒言〉末）

而「耳根圓通法門」也明白說到：「反聞聞自性，性成無上道。」這樣看來，如果能夠聽到聲音的「自性」，以及一切萬法的「自性」，就能用眼睛「聽」草木無情說法；反過來，也能用耳朵「看」遠山遠水了。問題是，聲音的「自性」是什麼？萬法的「自性」是什麼？這個問題的答案，就牽涉到《楞嚴經》最前面的幾個章節了。

《楞嚴經》卷三曾說：「一切世間諸所有物，皆即菩提妙明元心。」我們每個人都有一顆「菩提妙明元心」，也就是其他經論所說的「真如本心」。眼、耳、鼻、舌、身、意等六根，以及它們所對應的山河大地，也就是色、聲、香、味、觸、法等六塵，全都由這顆人人本具的真心所幻生。六根、六塵就像六條（十二條）河流，它們都來自同一個水源——真如本心。一個修道人，只要逆流（所謂「反聞」）找到這個活水源頭，就能隨意自在地順流（所謂「倒駕慈航」）回到凡世的六根、六塵世界，這時，他是以真如本心回到現實世界，發現眼見也可以是耳聽，耳聽也可以是眼見，乃至身觸也可以是意想，意想也可以身觸。六根對他來說，沒有任何阻礙；六塵對他來說，也沒有任何隔閡。這就是所謂的「六根圓通」，也正是聖嚴法師在本書〈緒言〉所說的：「根塵同源，縛脫無二。」

法師這部巨作，除了對《楞嚴經》的結集、版本、翻譯、真偽，乃至古來的重要註釋，有簡略的介紹之外，對觀音菩薩的法門也有詳細的說明。但最重要的，還是歸結到「耳根圓通法門」的闡述，讀者如能從第一章開始細讀到最後一頁，必能像觀音菩薩「反聞聞自性」一樣，回到自己的生命活水源頭！

三寶弟子　楊惠南

目錄

緒言 漢傳各宗所共同推崇的《楞嚴經》

一、《楞嚴經》的背景與名稱

《楞嚴經》是中國佛教非常重要的經典，歷來註解、講述的人非常多。自宋朝以來，本經是禪宗主要的經典之一，也是天台宗、華嚴宗特別重視的經典。甚至到了清末民初時，已經創出專崇《楞嚴經》的一宗一派，只是後來未能成為一派學說。

從文學的角度來看，《楞嚴經》是一部內容非常豐富、文字簡潔優美的文學作品；以佛法的修持而言，經中包含淨土宗的念佛法門、密宗的持咒法門，以及禪宗的禪修法門；以佛學的理論來講，它講空宗的般若，也講唯識的法相，同時又與華嚴宗和天台宗的思想有密切關係；而從佛教的信仰來看，中國人所崇信的觀音法門，除了《法華經》的〈普門品〉之外，在《楞嚴經》裡也介紹得非常清楚，所以它是非常重要的一部大經，自宋朝以來，漸漸為中國佛教各宗各派所共同推崇、依靠。因此，能夠聽聞這部經的人，都是有福報的人。

本經的全稱是《大佛頂如來密因修證了義諸菩薩萬行首楞嚴經》，一共二十個字，這麼長的經名在佛經裡十分少見，所以常被簡稱為《大佛頂首楞嚴經》、《大佛頂經》、《楞嚴經》，而一般通稱的是第三種；另外，它還有一個別名是《中印度那爛陀大道場經》，意指此經是中印度那爛陀大學裡最重要的一部經典。

唐朝玄奘大師到印度取經時，當時佛教的最高學府那爛陀大學裡，中觀、唯識兩大學派正當盛行，也均有講授，而玄奘學的是唯識。自玄奘回國以後，到了唐朝的晚期，相當於印度佛教發展至晚期，密宗漸成主流，那爛陀大學成為密宗非常重要的道場，而《楞嚴經》傳說就是那爛陀大學裡密宗最重要的經典。密宗是綜合了瑜伽唯識和般若中觀兩系思想而獨立成一派，內含此二系的學術基礎。後來流傳到西藏，才出現了「中觀應成派」和「中觀自續派」這樣的名稱，而今日的西藏佛教，便盛行密宗。

二、《楞嚴經》的翻譯

《楞嚴經》、《圓覺經》和《大乘起信論》的真偽，在近代中國引起了熱烈的討論。因為中國一向認為這三經一論非常重要，所以從來沒有人說，也沒有人敢提出它們的真假問題，其實這在日本已經討論幾百年了。

實際上，佛經所載的即是佛法，那麼它是不是從印度來的，或者是否為佛說的，都不是問題。像我現在出版的書是「聖嚴」寫的，印順法師的書是「印順」寫的，透過我們兩人所寫的書，使得大家能接受佛法、認識佛法，那就等於是代佛說法。傳佛的法，就是佛法，不須懷疑「聖嚴」或「印順」說的是不是佛親口所說，只要相信兩人傳播的都是正確佛法。因此，《楞嚴經》是否自印度傳來？不管別人怎麼考證、怎麼論辯，我們還是相信這部經是正確的佛法。

我們來看一看有哪些人介紹、討論、翻譯過《楞嚴經》，並且在整個過程中發生了什麼問題：

有一部佛經目錄學《開元釋教錄》❶，為唐朝智昇法師所編，專門蒐集、記載所有翻譯的佛經，歷代以來，已經過許多人累次修編。書中第九卷記載，有一位懷迪法師，循州人（今廣東省龍川縣），本來住在羅浮山的南樓寺，後來到廣州城，遇到一位印度出家人，他帶了一盒寫在貝葉上的佛經，請懷迪法師一起翻譯成中文，一共十卷，經名為《大佛頂首楞嚴經》。之後，印度出家人便離開了，不知去向，而這部經從此便在南方流傳下來。

另一個記載出自《續古今譯經圖紀》，也是智昇法師所編。書中說《楞嚴經》是般剌蜜帝翻譯的，而「般剌蜜帝」的中文意思為「極量」。他是中印度人，並且是已經成道的人，到各地弘法，隨緣度眾，輾轉遊化到了中國，並在廣州的一處道場住下來。唐中宗神龍元年（西元七〇五年）五月二十三日，他從密教經典中，誦出《大佛頂如來密因修證了義諸菩薩萬行首楞嚴經》十卷。當時主要是由烏萇國（大約在今巴基斯坦一帶）沙門彌迦釋迦負責將梵文譯成漢語，由清河地方的房融❷筆錄下來，最後請羅浮山南樓寺的懷迪法師審閱，證明譯得不錯。而般剌蜜帝在經典譯成之後，便坐船回南印度了，這部經於是在中國南方流傳下來。這段記載將《楞嚴經》的由來及翻譯過程，交代得很清楚，與《開元釋教錄》不一樣。

另外一部佛經目錄《貞元新定釋教目錄》，由唐朝圓照法師所編，則記載般剌蜜帝及懷迪兩人各自譯了一部《楞嚴經》。因此到了北宋，子璿法師在他所寫的

《首楞嚴義疏注經》中，提到《楞嚴經》有兩個版本，就是依據上面的記載，但是現在我們只看到一種。

三、《楞嚴經》的真偽

現在考證的真偽問題，「真」是指真的有這部經從印度傳過來；「偽」是指這部經好像不是從印度傳來的，而是在中國出現的。其實在中國並沒有這些說法，都是來自日本，譬如玄叡的《大乘三論大義鈔》、宗性的《日本高僧傳要文抄》，以及普寂的《首楞嚴經略疏》等。一般是從兩個方向來探討：首先，本經傳譯的人究竟是誰？這主要有四個疑點：第一，般剌蜜帝是偷渡進入中國的，接著躲在寺院裡翻譯經典，譯完之後又悄悄返回印度，這件事很奇怪。第二，擔任翻譯的宰相房融，當時是被唐中宗貶職，謫放南方，仍是戴罪之身，怎麼可能在譯完此經之後，還能奏請皇帝承認、允諾這部經的地位？而且房融並無柳宗元、李白那樣的文才，而能寫出這樣的一部《楞嚴經》，真是不可思議的事。第三，懷迪法師的智慧絕不像大翻譯家鳩摩羅什、玄奘般傑出，怎麼可能翻譯出那麼好的經典？最後，若真是唐中宗時代翻譯出的經典，在唐中宗之後將近一百年間，包括華嚴、天台宗的大師，以及其他許多著名法師的著作中，為什麼都沒提到《楞嚴經》的經名和內容？

其次，這部經裡所用的名詞，很多都無法在大乘經典裡找到根據。譬如：分眾生為七趣❸、十二類生❹；稱世間為「七大」❺；二十八天的排列順序❻和其他傳統經典不同。所以，這部《楞嚴經》有很多特別的地方。

另外，此經的經名與部分內容，也在其他經論中出現，有人認為可能是某位具有大智慧的人，編輯了許多經與論的內容，寫成了《楞嚴經》。例如經題「首楞嚴」三個字，鳩摩羅什所翻譯的《首楞嚴三昧經》用過；「佛頂」一詞，在佛陀波利翻譯的《佛頂尊勝陀羅尼經》也已經用過。內容方面，《楞嚴經》第一卷有一段非常生動的故事——摩登伽女誘惑阿難尊者，也曾經出現在其他的經典裡，譬如：《摩鄧女經》、《摩登女解形中六事經》以及《釋雜義經》卷第六下。另外還有許多內容及句子，與《大乘起信論》、《法華經》中的〈普門品〉相同。

而《楞嚴經》所講的菩薩階位也不同於一般所說的五十二位，《楞嚴經》認為從最初發心到成佛為止，一共有五十七個階位。但它是將幾種經論所講的階位組織在一起，包括《菩薩瓔珞本業經》、《阿毘達磨雜集論》，以及《大般若經》等。

另外，在第十卷提到，修行禪定有種種魔境及十種外道邪見，則是從《瑜伽師地論》出來的。

綜合上述可知，《楞嚴經》的內容包括了空的思想——《大般若經》、瑜伽行派法相唯識思想——《瑜伽師地論》、如來藏思想——《大乘起信論》、華嚴的菩薩次第思想——《菩薩瓔珞本業經》，而這些都和禪宗、密宗、淨土宗、空宗和唯識宗有著密切關係。原本這部經沒有翻譯成藏文，到了清高宗乾隆十七年（西元一七五二年）至二十八年之間，才譯成了藏文的版本。從宋朝一直到現在為止，講解、註解此經的著作不下數百種，在《大藏經》裡就可以看到幾十種。在近代，太虛大師、圓瑛法師、海仁法師，以及南懷瑾居士都曾經講解過《楞嚴經》。因此，中國各宗各派都很喜歡它，連我也不例外。

因此，不管這部經是不是從印度來的？到底是真、是偽？它都是一部非常重要的經典，我們必須先肯定它，才能真的挖掘出它的內涵。

四、《楞嚴經》的內容

《楞嚴經》以「根塵同源，縛脫無二」為主旨，這兩句話是說明六根、六塵本來同源；煩惱、解脫也是不二，這與《六祖壇經》所說「煩惱即菩提」、「生死即涅槃」的意思相同，所以，禪宗很喜歡這部經。而在修行方法上，它提倡「三摩地」，用三摩地按菩薩的修行次第一個一個修，直到開悟，實證佛的境界為止。我們必須要「解行並重」，從理論上去理解，就是正知正見，然後從實際修行上去努力，這就是「正行」。

全經共分為十卷，第一卷敘說阿難尊者在托鉢乞食的時候，被摩登伽女用外道幻術及咒語所迷惑，當時的阿難因為尚未證阿羅漢果，所以幾乎破了淫戒。後來文殊菩薩奉了佛陀的指示，將阿難救出，連同摩登伽女一起帶到佛前，兩人同時懺悔，並且修學佛法。

第二卷闡述理論，說明眾生都有真性，也就是佛性，本來是清淨的，但是由於眾生自己造了種種的業，所以產生了顛倒、分別，因而變成眾生。

第三卷和第四卷分別說明宇宙及人生的形成、性質與現象，也就是宇宙觀和人生觀。

第五卷和第六卷，是佛的大弟子阿羅漢和菩薩們，在佛前述說自己最初是如何修行？如何得道？用的是什麼方法？證得什麼果位而得到圓滿通達？一共有二十五種圓通法門；第六卷則是介紹觀世音菩薩的耳根圓通法門，說明觀世音菩薩是如何用耳根聽聞佛法、廣度眾生，因而成就了三十二種化身。這二十五位成就了的聖者，都可以做為我們學習的典範。

第七卷則說出了〈楞嚴咒〉，共有四百三十九句，並且說明誦〈楞嚴咒〉的功德和功用。

第八卷分成上下兩個方向來解釋，首先說明眾生要向上修行，應該要修三摩地，破種種顛倒妄見，經過五十七個菩薩階位，然後進入本元真如，終至成佛。五十七個階位，從乾慧地、十信、十住、十行、十迴向、煖、頂、忍、世第一，再加上十地、等覺，乃至妙覺等，一共五十七個；其次說明眾生向下，也就是墮落到地獄，有十種因、六種果，都是自己造業、自己感受差別的果報。

第九卷講的是「三界二十五有」的種種形相。「三界」指的是欲界、色界、無色界，「二十五有」是在三界之中，有二十五種類別的眾生，各有種種形相。

第十卷非常重要，是介紹十種外道的惡見或邪見，多是當時的哲學家，而這十種見解皆使我們無法出離三界，是永遠沉淪於生死苦海的原因。此外，這一卷也說明了修行禪定時，容易出現的十種魔境。

修學佛法應該「解行並重」，可是，如果所解的不是正知正見，而是受外道十種學說思想的影響，那麼無論你怎麼修行，都是在三界之中。此外，修行戒、定、慧三學，如果沒有佛法的正確知見做為指導，就會有種種魔境、魔事出現。不修行沒事，一修行就會走火入魔，那是非常可憐的事。所以解行並重，並不表示就能很安全地得智慧、得解脫，因為「行」可能著魔，「解」也可能墮入外道邪見，這一點非常重要。

但是，這個世間魚目混珠的人太多了。我們講正信的佛法、正知正見的佛法、正修正行的佛法，可是外道的書也宣稱是在講正信、正知正見、正修正行的佛法，結果許多人不知道到底誰才是正的。因此，我們要有辦法來確定哪一個是真的？哪一個是邪的？如果沒有辦法區別，可以參考我寫的《正信的佛教》。

五、耳根圓通最為殊勝

由於觀世音菩薩在這二十五位菩薩之中，與我們這個娑婆世界的眾生最有緣，也最慈悲、最有恩德，因此將他放在最後介紹；而且敘述其他二十四位菩薩的經文都很短，只有觀世音菩薩這一章特別長、特別多，也特別豐富。

在二十五種圓通法門中，也以觀世音菩薩的耳根圓通最為殊勝，文殊師利菩薩並且秉承釋迦牟尼佛的意思，重複解釋、說明觀世音菩薩耳根圓通法門修行和證悟的狀況及程度。又因為觀世音菩薩是以耳聞而證悟，而有情眾生之耳根最為善巧聰利，所以最適合大眾修習。

眾生用耳朵聽到的聲音，其中傳達了一些名詞、名相。其實聲音的本身並不代表什麼，可是人們往往會去計較、執著，分別好或不好、喜歡或不喜歡、可愛或不可愛。如果從聲音、語言、文字本身觀察，聽聲音就是聽聲音、聽名詞就是聽名詞，與自己的利害得失毫無關係，能夠如此想的話，就不會產生喜怒哀樂的種種煩惱，這就叫作「圓通」，也就是心不執著，那就是開悟。

但是不要誤解以為從《楞嚴經》的立場來看，聲音、語言、文字都不代表任何意義。每一個符號都有它的意思，每一種聲音也都有它的象徵，譬如《楞嚴經》裡每一句經文都代表著一種或多種的涵義，不能說《楞嚴經》裡只有文字，把每個字拆開後並沒有什麼意義，就好比將英文單字拆開後，只是一個個字母，不代表任何意思，那麼《楞嚴經》全都是無意義的字嗎？當然不是。

《楞嚴經》中提到「觀音法門」的特性，即是「聞」——用耳根聞聲。聞什麼聲？這個聲音不是外在的聲音，也不是音響的聲音，而是收攝心意，「反聞」聲音的自性，以及一切萬法的自性。萬法的自性即是空性，也就是說，現下所有的一切萬法、萬緣，皆是因緣生，因緣滅。自性本空，沒有一樣是真正永恆、不斷、不滅、不壞的自性，因此，稱之為「空性」——反聞，聞空性。聞見空性、了悟空性、實證空性，即與諸佛的智慧圓滿相應，而能證入諸法實相，這便是「耳根圓通法門」。

註釋

❶本書內容蒐集編錄了自東漢明帝永平十年（西元六十七年）至唐開元十八年（西元七三〇年）約

六六四年間，所有翻譯的經、律、論典。

❷房融曾經在武后時任相職，神龍元年（西元七〇五年），從前被廢的唐中宗重主朝政，房融隨即被謫放南方，曾住廣州。他信仰佛教，並受菩薩戒。

❸地獄、餓鬼、畜生、人、仙、天、阿修羅。（卷八、卷九）

❹卵、胎、濕、化、有色、無色、非有色、非無色、有想、無想、非有想、非無想。（卷七）

❺地、水、火、風、空、見、識。（卷三）

❻一般四禪天的前二天為無雲天、福生天，《楞嚴經》為福生天、福愛天。

第一章　觀音法門的修行方法

爾時觀世音菩薩即從座起，頂禮佛足，而白佛言：世尊！憶念我昔無數恆河沙劫，於時有佛出現於世，名觀世音。我於彼佛發菩提心，彼佛教我，從聞、思、修入三摩地。

這段經文是說：「這個時候，觀世音菩薩從座位上站起來，先向釋迦牟尼佛頂禮，然後對佛說：世尊！記得在很久以前，就像恆河沙數量那麼多的劫數之前，有一尊古佛出世，名字叫作觀世音。我親近觀世音佛，發了要度眾生的無上菩提心，觀世音佛教我一個法門——先用耳朵開始聽，然後用思惟，再修行，最後進入三摩地而開悟。」

此處最有意思的是，觀世音菩薩記得在釋迦牟尼佛以前，像恆河沙數量那麼多的劫數之前——一個恆河沙已經夠多了，一劫的時間也是無法數的，而無數恆河沙數就是非常久遠以前，有一尊佛出世，名字也叫作「觀世音」，是現在觀世音菩薩最早親近的古佛名號，也是教觀世音菩薩修行觀音法門的觀世音佛。

釋迦牟尼佛時代的觀世音菩薩，是西方極樂世界將在阿彌陀佛涅槃之後，繼位成佛的一尊菩薩。然而，「阿彌陀佛」這個名字的意思是「無量壽佛」，指壽命是無量的，所以觀世音菩薩很有耐心地只知道做菩薩度眾生。記得我在日本求學時，日本的老天皇裕仁七十多歲還沒退位，他的兒子五十多歲了尚不能繼位，許多人都在想，這位太子大概沒有機會登基了。直到我離開日本不久，老天皇去世，由太子繼位，他最後還是等到了。而觀世音菩薩不知道要等到什麼時候才能成佛，但他是菩薩，做菩薩是沒有期待的，不會考慮自己何時成佛，唯有不斷地度眾生。只有眾生愚癡，老是想早點成佛。

在這裡很清楚地看到，觀世音成為菩薩及開悟入道的時間，是在無數恆河沙劫之前，在那一尊古佛觀世音的時代，即發了菩提心度眾生，求無上的菩提，也就是無上悲智的、最高覺悟的心，希望將來成為無上覺悟的佛，這就是初發心。發心之後，觀世音佛教他修習耳根圓通法門，先用耳朵聽，而後思惟，再不斷地實修，然後觀世音菩薩便開悟了。但是直到釋迦牟尼佛的時代，乃至現在為止，他始終仍是菩薩。

「三摩地」是明心見性，即是開悟。它有大乘禪定與小乘禪定的不同，有世間禪定與出世間禪定的不同。從佛經來看，「三摩地」在梵文裡有多層不同的意思，但多半只是講思惟而修行，並沒有要用耳朵去聽。禪定本來即是思惟、繫心，修的是繫心之法，思惟修便能進入禪定。而觀世音菩薩的修行法門，是從耳朵開始聽、再思惟、然後修行等三個階段。聽，是聽聲音，先聽有聲之聲，然後聽無聲之聲。開始時一定是有聲音的，聽到最後，自己與聲音不一不二，此時聲音已經不存在，但是仍然在聽。接著，當自己的心力與體力都不夠時，這種狀況便會離開。就像平常打坐時，如果數息數得很好，也會數到自己和呼吸、數字分不開。但是總有身體疲倦，感到心力沒有辦法繼續下去的時候，就離開了這種狀況，此時要用思的方法。

思，不是思想，而是維繫著、維持著心情的平和，雖然力量不夠，但是心情始終維持著平靜的狀態，不灰心、不著急，繼續用方法修行。修，是不斷地維持下去，在生活裡的任何時間都不離開聞與思的工夫。聞與思交錯地用：很清楚地聽到有聲音，於是用思惟，思惟是觀想，觀想聲音、聽到聲音、心繫聲音，實際上聞、思、修是同時在進行著，也就是說，聞的本身實際上就是思，直到最後只有聞、聞、聞，聽聲音聽到自己跟聲音合而為一，而這同時也是在用思的方法；然後在平常生活裡不斷地聞、思，用思來聞，就是觀想聽到的聲音，這便是修。聞、思、修這三種實際上是一體的。一般我是用「觀、照、提」的方法：觀，是觀方法；照，是照方法；提，也是提方法，不過觀、照、提有前後，而此處的聞、思、修則是同時的。

不過，一開始是有次第的，然後才能進行到同時：剛開始是先聽，聽到自己的力量不足時，再用思，然而在思的過程之中，仍然要回到聽的上面去，不斷地思和聽，實際上就是在修。等到工夫用得相當好時，聞、思、修便是同時進行的。已經在修行禪定的人，大概能了解我所講的，否則可能就聽不懂了。

開悟的本身是智慧，智慧是因禪定而得，禪定與智慧是同時出現的：從聞、思、修得到禪定以後，便產生智慧而開悟，這即是三摩地。

禪定有大乘的禪定與聲聞乘的禪定，大乘的定是在平常的生活之中，這與聲聞乘阿羅漢打坐，坐在那裡身體不動的定，是完全不一樣的。大乘菩薩在定中，照樣與人說法，照樣度眾生，與沒有入定的凡夫不同之處，在於心中沒有牽掛、沒有煩惱、沒有喜怒哀樂的情緒困擾，眾生需要什麼，就去做什麼，幫助眾生得到利益、得到安樂，一切都是為了眾生。至於聲聞乘阿羅漢的定，從禪定得到解脫定之後，煩惱、情緒、執著、自我都已經不存在了，但是並不會想到要去度眾生，而以禪定為解脫。過去有一些阿羅漢，解脫之後便坐在洞裡，一直坐下去，然後就去世了。

至於世間的禪定，是在入定時，雖然沒有煩惱與情緒，但是自我還在。所以在禪定退失，出定之後，仍然有煩惱，還是凡夫，於是希望再去打坐，不要出定，死後直生禪定天。這與聲聞乘阿羅漢的出世間禪定不一樣，阿羅漢是已經沒有煩惱與自我了。

初於聞中，入流亡所。

「初於聞中」，就是一直在聽、聽、聽，自己已經融入了聽的那樁事，心裡面究竟是在聽呢，還是有東西可以被自己聽，已經無法區分，渾然打成一片了。

「入流亡所」，進入了被聽的聲音之流，此聲為無聲之聲；進入了無聲之聲的音流，而忘掉自己是在音流之中，也把音流忘掉了。

聞、思、修，是從聞開始，最初聽聲音是用耳朵在聽，聽的是有聲之聲，聽到最後耳朵已經沒有功能，而是用意根的心在聽了。修禪定時，最初用耳朵聽，聽到心非常寧靜時，耳根已經不起作用，對外在的聲音是聽而不聞，是什麼聲音都不知道了，此時意根的心還在聽，聽到的則是無聲之聲——心裡不是真的聽到聲音，而是維繫著自己的一種力量，是那個力量在聽。

禪宗有個公案「隻手鼓掌」，一隻手怎麼鼓掌呢？這個故事是在日本發生的：有一位禪師問另一位禪師：「有沒有聽到掌聲？」那位禪師說：「有。」他又問：「聲音如何？」那位禪師答：「如雷貫耳！」可能他們是在開玩笑，也可能是真的，因為用心靈在鼓掌，如果用心來聽，可能就會聽到了。你也許有過這樣的經驗，有人想打你，但是沒有打在你的身上，而是打在桌上，打得很響、很憤怒，你聽到桌子的響聲，卻感覺是打在你的身上一樣，因為他是打到你的心上，你心裡被打得很痛。我想每個人多多少少都會有這種經驗。

所入既寂，動靜二相，了然不生。

這三句的意思是：能進入無聲之聲的音流的我，以及這無聲之聲的音流，音流及我，二者都變成寂靜的狀況，心裡所體驗到動與靜的這兩種現象，都不存在。

寂靜應該是不動的，但並沒有感覺到這是不動，當然也沒有感到這是在動，非動非不動，動和靜這兩種體驗都不產生，心裡的反應並沒有想到是動還是靜。動，指的是心的浮動；靜，指的是在定中。在定中不起定，心不浮動，入的是一般的禪定，而「動靜二相，了然不生」則指的是大乘的禪定。沒有需要把心安定下來，事實上，心並沒有被自己的情緒所動，也沒有被環境所動，這應該是靜，可是也不像一般人坐在那裡完全不動，此時比「入流亡所」更進一步。因為所體驗的就是在生活之中，動也好，靜也好，已經完全不受影響了。

所謂「十字街頭好參禪」，並不是要坐在十字街頭去參禪，而是在十字街頭時，可以吃著冰淇淋，也可以牽著狗在那兒遛狗，也可以去菜市場買些食物，但心則是非動非靜的。

如是漸增，聞所聞盡。

有的人因為女友離去了，他就說：「她離開，我也離開了！」意思是說女朋友對他無情，他的心裡也不再管她了，這樣算不算「聞所聞盡」？事實上，他在，女朋友也在，兩個都在。有一位離婚婦人老是跟我說：「師父，我以後再也不會想我離婚的丈夫了！」是真的不再想他了嗎？很不容易。

「聞所聞盡」是要聽到的、被聽的東西都沒有了，能聽的功能也沒有了，也就是到達一種被聽的環境與能聽的功能都沒有的狀況，這叫作「關閉六根」。就好像機場遇到氣候不佳時，暫時關閉，飛機不能降落與起飛一樣。因此，六根關閉只是暫時的現象，自己在，六根也在，但是環境不在，不再受到外邊環境的干擾，入定的人可以做到這樣。其實我們的六根也都可以這樣：眼睛看所看盡，耳朵聽所聽盡，鼻孔嗅所嗅盡，舌頭嘗所嘗盡，身體觸所觸盡，六根關閉，和外邊的情況隔絕。重要的是這個「盡」字，指的是從此以後六根不再受六塵環境影響。這種工夫不容易做到，因為暫時關閉六根還有可能，而從此以後六根不再被所緣境影響，是非常不容易的，一旦做到的時候，就是「六根清淨位」了。

「聞所聞盡」是先把自我的六根關起來；然後讓六根不再受六塵環境的影響。僅僅六根關閉，這是在淺定中，只是暫時不與外邊交通，而《楞嚴經》講的則是大乘的定，隨時隨地眼睛是睜著，耳朵是開著，雖然一切照常，但是六根不受環境所影響、所汙染。

盡聞不住，覺所覺空。

「聞盡」與「盡聞」是同樣的意思，是指聞與所聞都已盡了。「盡聞不住」則是不住於「聞所聞盡」的層次，再進一步，便是「覺所覺空」。

「聞所聞盡」在聲聞乘的阿羅漢來講，是已經從五蘊得到解脫，不再受身心環境的困擾和影響，即是六根清淨；以大乘初地菩薩至八地菩薩而言，則是已經到了「盡聞不住」的層次，也就是《金剛經》所說的「應無所住而生其心」了。

「覺所覺空」，是覺和所覺都空了。這個「覺」是六識，意指自己已經斷了煩惱，已得智慧而開悟；「所覺」，是覺自己身心世界的環境時，已不受六根及六塵的困擾，這就是五蘊皆空，實際上，此時即為大乘佛法的證法空，而「聞所聞盡」則是證我空。以大乘的菩薩來說，雖然環境仍在，但是心已不受環境的干擾了。

六根是眼、耳、鼻、舌、身、意，當我們吃飽的時候，六根不會受到干擾，但是當肚子一餓，正好美食當前，香的味道讓人飢腸轆轆地響，此時六根清淨的人會不會吃東西？如果是真正六根清淨的人，看到食物仍然照樣吃，但不是以貪心來吃，不該吃的食物放在面前，即使肚子再餓，也不會垂涎三尺。我曾經看到一個小孩跟著母親去市場，裡面有許多好吃的飲食攤，孩子每走到一個攤位前就不肯再走了，母親便打他一下說：「走啊！我們沒有錢！」其實母親也是想吃的，但是沒錢買吃的就不應該吃，而孩子不知道應不應該吃，所以看到了就想吃。因此，六根清淨的人即使美食及美色當前，覺得不應該要的，心理與生理都不會產生反應，這樣的人一定也是戒律清淨，因為六根已經自在，不會再受誘惑與困擾。

在聲聞乘的立場，只修到聞所聞盡，也就是心不再受外面環境的引誘，便沒有再進一步了；初地到八地的大乘菩薩，也有這種能力，與聲聞乘不同的是，已經將覺與所覺都放下了。覺，是能覺，能覺就是智慧，已經超越了十八界，到達解脫的層次；所覺，是能聞與所聞，六根、六塵、六識等十八界都是所覺的範圍。能覺是智慧，十八界是所覺，將十八界的所覺以及能達到聞所聞盡的這種智慧，也要把它放下，這叫作「法空」。初地菩薩已是六根清淨，聲聞乘聖人阿羅漢的所覺還在，菩薩超越覺與所覺，將所覺也放下，因此大悟徹底的人，一悟就是頓悟，全部都悟了。

當你覺得一切都可以放下時，連這個「放下」也要放下，這就是「覺所覺空」。你如果認為一切都放得下，卻老是告訴別人：「我已經放下了！我已經放下了！」必須要連這句話也放下，否則你還是把「我已經放下」抱得緊緊的。過去有一位弟子對他的師父說：「我現在一切都放下了，感覺好自在，我什麼都沒有了！」師父說：「重於須彌！」須彌山是佛經裡或者印度神話裡的宇宙中心，凡是陸地、物質世界都不離須彌山，這座大山，上通三十三天，下通地獄。這位徒弟說他什麼都放下了，自在而且自由，他的師父為什麼要說他比須彌山還要重呢？因為他沒有覺所覺空。覺悟即是菩提，是相對於煩惱而言，離煩惱就是覺悟。「知覺」是尚未開悟，「覺悟」則是離開對十八界的執著，已經六根清淨。悟前是知覺，悟後則是覺悟。

空覺極圓，空所空滅；生滅既滅，寂滅現前。

這是同一個層次的兩個階段：前兩句是八地以上的菩薩，後兩句則是到了成佛的層次。空覺，就是覺所覺空，覺也空，所覺也空。空覺已經圓滿，實際上，是進入了成佛的涅槃境，所以說「空所空滅」，沒有空，也沒有所空，事實上，已經空去了前面的「覺所覺空」。「空覺極圓」，就是空及所空都已寂滅，空得圓滿的程度。譬如說這個杯子的水已經喝完了，杯子是空的，這是第一個層次；然後把「杯子是空的觀念」也空掉它，這是第二個層次；第三個層次，沒有「杯子是空」的觀念，也沒有要把「杯子是空的觀念」空掉，此時什麼話都不需要講了。

因此，空與所空的觀念全部擺下，連怎麼空的、最高的空、圓滿的空都要擺下，此時即為「生滅既滅，寂滅現前」。生滅，指的是有、沒有，空、不空，產生一個空的念頭是生；產生空的觀念也是生。滅掉空的念頭，滅掉空生起來的念頭，一切的語言全部不要，煩惱不要，智慧不要，即使到成佛的智慧已經圓滿，連這圓滿的智慧也不要，這就是寂滅現前，才是真正的圓滿。

這樣一來，是不是眾生不要度了？什麼都不需要了？所謂的「圓滿」，指的是一切都是現成的，不論好與壞，此時沒有什麼要度的，沒有什麼要求得的，也沒有什麼要增長的，但是要做的事情仍然照樣地做。「現前」的意思，是心中已經沒有問題，如果心中還有任何的執著、煩惱，都是過往及未來的障礙，那不是「現前」，「現前」是不製造問題，不被問題所困擾。既然是現前，佛度眾生也是現前的，對佛而言，無所謂生，無所謂不生，佛是無生無滅的。

忽然超越，世出世間，十方圓明，獲二殊勝。一者上合十方諸佛，本妙覺心，與佛如來，同一慈力。二者下合十方一切，六道眾生，與諸眾生，同一悲仰。

前面是講開悟的好幾個層次，現在則要看開悟的功能是什麼。「上合十方諸佛」是與諸佛合而為一；「下合十方」的「六道眾生」，是與眾生合而為一。與十方諸佛、十方眾生合而為一，就是諸佛和我們的心，以及眾生的心是不一不二的，這與《華嚴經》所說「心佛及眾生，是三無差別」的觀念是相同的。

「忽然超越」是說超越世間和出世間。世間是有煩惱、有我——有小的我、有大的我，即是有煩惱的我。人是有生、有死的，人生活的空間有東、南、西、北，時間則有過去、現在、未來。「出世間」是離開空間和時間的假相，離開自我的煩惱與執著。

在佛法裡，除了人之外，其他的動物乃至生了天的眾生，都還有個小的自我中心——身和心，或者有個大的自我中心——家庭、事業，乃至所處的大小環境，這都是在世間的人與眾生。他們如果在東方就不在西方，在西方就不在東方，在上就不在下，在下就不在上，有一定的生活範圍和活動空間。可能有一些福報大的眾生會有一點小神通，譬如天上的眾生，或者在人間修成神通的人，可以人在西方而神識到了東方，但是活動的範圍仍然非常有限，因為他們的自我中心還在，所以一定有他們生存的範圍及生存的時代，過一段時間樣子就會變，小的變大，大的變老，老了去世，死後再轉回來，又變成年輕的，不斷地變，這就叫「世間」，在時間上是不固定的，而活動的範圍非常小。

我在一九四九年離開中國大陸，那個時候離開的人滿多的，有的是一個人離開，還有親人留在大陸。過了將近四十年後，中國大陸跟臺灣可以來往了，於是有位老太太被兒子從大陸接到臺灣團圓，老太太一下飛機就說：「我想你已經想了四十年了，從此以後我們不要再分離了。」兒子也說：「當然，以後我們永遠都不再分離。」可是在臺灣不到一個星期，兒子卻在馬路上被車撞死了，老太太好傷心地說：「我等了四十年，結果到臺灣來為兒子送終！」老太太心裡非常傷痛，後來又回大陸去了。這就是世間，在空間與時間上都受到限制，卻又無可奈何。

出世間的又是誰呢？已經證到不生不滅的阿羅漢果位，對於自己個人的煩惱已經斷除，不將世間的任何事、任何人、任何物當成是自己的，也就是已經沒有自我中心。同時對世間很厭倦，希望不要在這世間繼續不斷地被時間與空間的範圍所套牢，所以從此不再出現於這個世間做人。

我在日本念書時，我的指導教授野村耀昌先生快要六十歲了，他替九十多歲的母親在山裡起了一棟房子，老太太一個人在那裡生活。有一天指導教授跟我說：「要不要去見一位仙人？」於是帶我去看他的母親。九十多歲的老太太看起來卻比兒子還要年輕，頭髮雖然全白，走路、講話、身姿、面容卻像四十多歲的中年婦人。她很親切地接待我們。到了中午，我想應該要吃飯了，可是她說：「山上沒有鍋子和爐灶。」我問她：「您老人家不吃東西嗎？」她說：「我喝山澗的水，食空中的氣。」人間真有這樣的人，吃空氣，喝山澗水，就能維持生命。我問她還能夠活多少歲？她說：「誰知道，能活就活，不能活就算了，人間我是不會再來了，要不然我也不會住在山上。我是聽說兒子要把你帶來見我，否則連兒子我也不見了！」我以為她的身體這麼好，會一直活下去，可是過了兩年就聽說她去世了。這位老太太跟我談的都是佛法，但她是出世的思想，雖然沒有談道家的問題，然而她的生活方式就像道家那種辟穀養生的仙人，這就是出世間的一種心態。

世間由於受到時間和空間的限制，所以不自由；出世間已經離開時間與空間，不再受到世間的約束，雖然解脫，可是並不圓滿，這是兩個極端。因此《楞嚴經》要講超越兩個極端，將兩個極端放在一起，還能夠自由自在，這叫作「十方圓明」。圓明，以空間而言，十方世界都是一樣的；以時間來說，過去、現在、未來三世也是一樣的。沒有過去、現在、未來，沒有東、南、西、北、上、下，因為全部都是相通的、相同的。宇宙之間，時間與空間全部在內，卻不占有時間與空間，也不需要離開時間與空間，便是超越於世間、出世間。「圓」是圓滿，「明」是有智慧的功能，「十方圓明」是充遍於十方，而且都是清淨的、光明的。

十方一定是三世，過去天文學不發達，所以不容易懂，但是現在知道，如果我們接收到距離約五億光年以外的訊息，這其實是五億年前的訊息在這裡卻是現在，那麼過去的就到現在來了；而未來的事情，照道理是還沒有發生，可是從遠距離來看，在其他的地方已經發生了。在我們未來的許多事物已經完成了，只是我們尚未看到而已。因此有神通的人能看到未來，實在不是稀奇的事，其實從天眼通看，雛形早已出現，其力量也已經形成。我知道一位有神通的人，曾經見到某地方有架飛機要墜機，而且很清楚地看到是某一家航空公司的標誌，過了兩天，報紙就刊登了這項消息，而墜機的時間要比他以神通看到的時間晚了一天。當時那架飛機尚未起飛，但是他已經看到，這就是業力的力量已經形成，所以他能見到。

能夠充遍於十方，三世一定連在一起，這就超越於世間、出世間，即是「十方圓明」。達到十方圓明的人是大菩薩，與十方的佛及十方的眾生是同一個身體。所謂「同體」，是指相同的智慧體。

「一者上合十方諸佛，本妙覺心，與佛如來，同一慈力」：「上合十方諸佛」的意思是，觀世音菩薩雖未成佛，可是與一切佛的慈悲力量完全相應。「本妙覺心」即是大菩提心，是根本的、深奧的、覺悟的心，這就是清淨的佛的智慧心、如來藏心，因為菩薩的功能是慈悲，雖然沒有佛的慈悲那麼大，但是與佛的慈悲是合在一起的，這便是「同一慈力」。

「二者下合十方一切，六道眾生，與諸眾生，同一悲仰」：雖然觀世音菩薩已經是大菩薩，但與層次低的眾生凡夫也一樣是同體的。眾生的痛苦、煩惱、災難、生死，對觀世音菩薩而言，感覺上就像是他自己的一樣，雖然他並沒有煩惱的心理反應，但是眾生的痛，眾生的災難，眾生的苦，感覺上就是自己的一樣。眾生希望得到救濟，他便毫不保留地使眾生得到所希望的救濟，這就是「同一悲仰」。

觀世音菩薩大慈大悲的心與佛的心相同，看到、聽到眾生感受到的痛苦，就等於他自己所感受到的痛苦一樣。所謂「無緣大慈，同體大悲」，慈是平等的慈悲，沒有一定的對象可緣，是施眾生解脫之樂；悲是悲眾生的苦，站在眾生的立場，全部是因眾生的需要而產生一切的反應、一切的救濟。雖既沒有一定的眾生可度，也沒有自己要度的眾生，但是他的慈悲心本來就在那裡，自然而然有股強大的慈悲力量。這就是《楞嚴經》所講的同體悲，無緣慈；「同體」是佛心、眾生心一體無二，「無緣」是度盡眾生做為拔苦的對象。

我們非常地幸運與安全，不要說十方諸佛，連像觀世音菩薩那樣的大菩薩，隨時隨地都等待著救助我們，而且他並不會說自己是我們的大恩人，或者認為我們欠了他什麼。更重要的是，雖然觀世音菩薩在西方，可是每一個地方、每一個時間，他都與眾生同在；也無一處、無一時是他的力量所達不到的；他不是這個娑婆世界的人，可是他沒有離開這個世界，他遍於十方世界。不僅僅是觀世音菩薩，還有很多像他這樣的大菩薩。除此之外，十方諸佛也是這樣，處處都有菩薩，處處都是諸佛，我們實在是太幸運了。

昨天我遇到一位朋友，他是個基督徒，他對我說：「法師，信仰基督教的是懶人，信仰佛教的是勤勞的人，因為我不相信我能夠修行成佛，所以我相信上帝。當我死的時候，他把我召回天國，一切問題都沒有了；而信了佛之後，根本不知道何時成佛，很渺茫，所以我這個懶人還是信基督教比較好。」

你想做懶人還是勤勞的人？沒有關係，即使是懶人，我們也歡迎！

問與答

信眾：如果做懶人也不要緊，但是這跟自己的業有沒有關係？

師父：有關係。但是即使業再重的人，如果你來修持、祈禱觀世音菩薩或是佛，業就不易現前。因為業需要有機會讓它發芽，讓它成長，如果沒有因緣讓它發芽、成長，到最後就會變得枯焦而沒有用了。因此，業雖然重，只要好好修行，便沒有問題了。只要修行，並且有信心，願心會使你往好的地方走，壞的部分的業，慢慢地沒有機會讓它發芽，這個壞業也不是非得償還不可的。

世尊！由我供養觀音如來；蒙彼如來，授我如幻聞熏聞修「金剛三昧」。與佛如來，同慈力故，令我身成三十二應，入諸國土。

觀世音菩薩本身尚是初發心菩薩時，因為觀音如來給他的法門，是教他修耳根圓通，因此觀世音菩薩用他的身心奉獻如來，也就是供養如來。同時觀音如來又給他一個方法，叫作「如幻聞熏聞修金剛三昧」，因為觀世音菩薩修成功了，所以與觀音如來是相同的，不僅慈悲力量的性質相同，甚至表現的功能也相同，這使得觀世音菩薩成就了三十二種應化身，能夠到所有的國土中去度眾生。

供養和布施不一樣。布施有財施、法施、無畏施，凡對眾生做慈悲的奉獻稱為布施；而供養則是以恭敬心，對自己所崇拜的尊長或長上做奉獻。供養有「事供養」與「理供養」兩大類，事供養和布施有相通之處，理供養和布施就不相通了。

事供養是用物質、財產，以及用自己的體力、技能、智慧來供養，將自己身心所有內在與外在的東西都拿出來奉獻，事供養能夠幫助理供養；理供養則是把自我全部放下，體悟到自己的自性與佛性完全一樣，這種供養才是最好、最上的供養。但是理供養必須從事供養做起，否則理供養是不容易做得到的。在佛的時代非常重視供養，大乘經典與聲聞乘經典中也都讚歎供養的功德。

我於一九七五年來到美國，經過三藩市時，在宣化法師的道場掛單一個星期。有一天他對我說：「法師啊！在美國你不能隨便叫人家供養，否則可能會有麻煩！」於是他講了一個很好玩的故事：有一次宣化法師講經時說到供養，便鼓勵大家做供養的功德。講完經的第二天，有一位女眾對他說：「師父，我把我的身體供養給你，你現在就可以支配我的身體。因為我聽說用身體供養上師，是最好的供養！」宣化法師說：「阿彌陀佛！我不是上師，我是和尚！」後來宣化法師勸化她、感化她，這位女眾就在宣化法師的道場出家了。

佛經裡講到的供養，事供養一定是要所有的身心都供養，包括身外的財產及自己身體上的任何一個部分，以這種供養的心來求法，表示非常懇切，也就是捨身為法、捨身求法，發這種願心是應該的。事供養是盡自己的力、自己的心來供養，其作用有：為了求法，是對法的供養；能夠放下對自己的執著，包括對自己的身心、物質，以及財產的占有，這兩種都是為了修行而做的供養。然而接受供養的人一定要有分寸，釋迦牟尼佛告訴弟子說：「接受供養時，要像蜜蜂在花裡取蜜一樣，第一，不要讓花受到破壞和傷害；第二，幫助花粉傳播之後，還能繼續繁殖，而不是像殺雞取卵、竭澤而漁那樣，這就不是出家人或僧團接受供養的態度了。」所以佛一面鼓勵信眾供養，一面又告誡出家弟子要節制受供養的分寸。

理供養很不容易，以禪宗而言，明心見性、開悟成佛是理供養。請問，我現在講《楞嚴經》，教許多人修行佛法的觀念和方法，算不算是在做對三寶的供養？是不是也在做布施？是的，這應該就是理供養了。當我鼓勵大家布施，到寺院做義工時，許多人誤會說：「師父不但要東西、要錢，還要我們來做義工，師父在占我們的便宜！」其實我不會占任何人的便宜，也不會把你們的東西變成我的，我只是將你們個人的所有，替你們奉獻給更多需要的人。我常常比喻說：我是在做輸血管的工作，哪些人需要輸血，哪些人願意奉獻自己的血，我這根輸血的管子就從此身連接到彼身，而不會剩下一滴血留給自己用，這是一種橋樑的工作。

我也經常鼓勵信眾星期天來寺院打齋、煮菜，這是不是僅僅為了我及法師們要吃？當然不是。但是有的人非常客氣，只來聽經，聽完不吃飯就走了，或是到附近的店裡去吃東西。多半的信眾會在寺中用午餐，其中也許有的人會想：「我已付了錢，是花錢買的午餐。」這也是錯誤的觀念，因為這不是來買午餐，而是在幫助大家、奉獻大家。

「聞熏聞修金剛三昧」，三昧是正受，也就是定。金剛三昧是非常堅固的禪定，定力在任何情形下都不會退失。普通禪定一出定之後，心就和煩惱相應，而金剛三昧不論是出定、入定，隨時隨地都在定中，定的力量及功能，不會因為在日常生活中處理事務時，受到影響而產生煩惱。楞嚴大定也就是「如來常在定，無有不定時」，如來不管是在打坐也好、講話也好，與人處理事情也好，任何時間都是在定中，沒有不在定中的時候，這就是金剛三昧。

「聞熏聞修」，聞熏是用耳朵聽，常常聽聞佛法、聽聞法音，使之熏習再熏習。熏是愈聽愈深入，深入自性流，此處的「熏」，並不是唯識宗的種子熏習而現形。觀世音菩薩因為聽聞佛法之後，照著觀音如來所教耳根圓通的方法去做，一邊繼續不斷地聽眾生的聲音，一邊繼續不斷地回到佛所說的法義上，愈聽工夫愈深。聞熏一定是和聞修連在一起，這才是修佛法，如果僅僅聞熏而不聞修，很可能會變成一種幻相、幻想，只是思想在想，就變成了妄想而不是修行了。

你現在聽我講《楞嚴經》，如果回去後老是在想：「聖嚴法師今天講的是什麼？」這不是實際上真正的修，而是只有聞熏沒有聞修了。許多學佛的人說到有關佛學名詞、名相時，能夠對答如流，背得滾瓜爛熟，一講到《金剛經》、《楞嚴經》、《圓覺經》等經典時，也能說得滿清楚的，可是問他們在修些什麼工夫時，他們會說：「我已經懂得這麼多，還要什麼工夫？這就是工夫呀！」其實這是在賣知識學問，只有聞熏，沒有聞修。聞而熏修，是要照著去做，這才是最重要的。

《楞嚴經》要我們實修「金剛三昧」，但是為什麼要稱「如幻」呢？「幻」有三個層次：

（一）「依幻」是凡夫，凡夫所有的一切知見，都是虛幻而不真實的，是虛妄的執著。頭腦裡所想的觀念是幻想，所處的環境是幻境，所接觸的反應是幻覺，都是虛妄的，但是覺得很真實，不會感覺這是虛妄的，這就是在幻中還不知道自己是幻。

（二）「出幻」是聲聞乘，聲聞乘的阿羅漢已經知道世間是虛妄的，一切都是幻的、假的，不是真的，可是他們認為真有一個不生不滅的涅槃境，可以永遠住在那裡，因此就厭倦並且逃避這個現實的世界。然而，從大乘佛法的立場來看，這種想法也是虛幻的執著，將住於涅槃境當作最究竟、最可靠、最安全的境界，其實這種想法、感受與經驗，也都不是究竟的，必須出離。

（三）「依幻、出幻、還住於幻」的大乘菩薩，也就是大乘的佛法，不戀生死、不厭生死，不離世間也不受世間的困擾而產生煩惱。依幻、出幻、同時還住於幻而不執著幻，這三個層次大乘菩薩全部都具足了。

金剛三昧所修行的定，是處處在定中，時時在定中，不一定要不住三界或不出三界，不一定要打坐或不打坐，在任何時間都是相同的。看起來不像是在定中，這才是真正的定，因此叫作「如幻」，就是「好像是」。像講經這樣一種場合，是真還是幻？對如來而言是如幻，對凡夫來講，根本不知道什麼是幻。剛才我遇到一個人，她有個孩子業習很重，不容易受教，她費了很大的心力來教導孩子，但怎麼教就是教不好。我對她說：「妳還是要盡母親教育孩子的責任，但是不要跟孩子拚命，即使希望與要求不如妳想像得那麼好，說不定過一段時間，孩子業障消了，自然而然會變好，也或許他一輩子就是這個樣子了。兒孫自有兒孫福，妳吃妳的飯，他吃他的飯，各人福報不同，妳是沒有辦法的。能夠這樣想，至少可以少一些煩惱，因為妳的責任已盡，這樣不是比較好嗎？」雖然「如幻金剛三昧」尚未修成，「如幻教育小孩」還是可以做的。

這種基本原則，可以運用在任何情況、任何關係上。婚姻是「如幻婚姻」、生意是「如幻生意」、工作是「如幻工作」、學問是「如幻學問」，通通加上「如幻」，不但盡了責任，同時也很快樂。《維摩經》裡有個比喻：如來說法，如幻師對所化之人說幻法。釋迦牟尼佛說法，等於是幻師在對他所變化出的人說幻法，這不是等於沒有說嗎？但還是要說，因為被變化出來的人不知道自己是被變化出來的。你們知道你們都是佛嗎？你們現在變成凡夫的樣子，自己還不知道是被變化出來的。有一次我稱一個人為「菩薩」，他很緊張地說：「啊？我是菩薩嗎？」他不曉得他是菩薩，因為從來沒有人稱過他菩薩，而我的習慣是看到任何人都是菩薩。

能夠得到金剛三昧，就與佛的慈悲力量是相同的，自然而然會應眾生需求而度眾生，眾生需要見什麼樣的身分、聽什麼樣的法，便會以什麼樣的身分來說什麼樣的法，這即是以幻師對幻人說幻法。因此，觀世音菩薩是用三十二種應化身來說法度眾生。

問與答

信眾：以幻修幻，如何能明心見性？

師父：以幻修幻，在幻不見了的時候，能夠不執著幻，不受幻相、幻法所困擾，這就是明心見性。聽了佛法後，如果頭腦老是在那裡打轉，明心見性大概離你滿遠的，這只是聞，而沒有聞修了。

第二章 觀音菩薩以三十二種應化身度眾

世尊！若諸菩薩，入三摩地，進修無漏，勝解現圓，我現佛身，而為說法，令其解脫。若諸有學，寂靜妙明，勝妙現圓，我於彼前，現獨覺身，而為說法，令其解脫。若諸有學，斷十二緣，緣斷勝性，勝妙現圓，我於彼前，現緣覺身，而為說法，令其解脫。若諸有學，得四諦空，修道入滅，勝性現圓，我於彼前，現聲聞身，而為說法，令其解脫。

觀世音菩薩修成之後，其功德是什麼？能做些什麼？便是菩薩能現佛身、獨覺身、緣覺身與聲聞身等四種身，以這四種身分來對四種不同層次的聖者說法。第一種佛身，是對大乘菩薩說的；第二種獨覺身是生在沒有佛的時代，有一種利根眾生自己開悟的；第三種緣覺身是生在佛的時代，聽了十二因緣的教法而開悟；第四種聲聞身是聽了四聖諦法而開悟。

實際上，不管是哪一個層次的聖者，他們的開悟都叫作「現圓」。菩薩有菩薩的開悟、獨覺有獨覺的開悟、緣覺有緣覺的開悟、聲聞有聲聞的開悟，層次不一樣，但都叫作「開悟」，只不過是以其層次所見到的「圓滿智慧」的現前，但是智慧的本身並不等於佛的圓滿。譬如，在山頂看天空和在井底看天空，看到的都是天空，卻有大小、遠近之別；到了比較大的房間看到的天空、將房間打開看到的天空、坐著火箭遨遊在太空之中看到的天空，都是天空，任何一個層次看到的天空，都是性質相同的一個天空，然而層次和範圍卻不一樣。就像喝水一樣，有的人喝一口水、有的人喝半杯水、有的人喝一杯水、有的人喝一瓶水、有的人跳入汪洋之中與汪洋合而為一，儘管都是相同的水，量體卻不相同。

大乘佛法主張「自己未度先度人，便是菩薩初發心」，發的是阿耨多羅三藐三菩提心，也就是成佛的心。能夠發成佛的心，其功德超過一切聲聞乘的聖者，超過阿羅漢的功德，也超過緣覺、獨覺的功德。因為這種精神了不得，別人不願意做的，他卻願意去做，所以這種發心的功德超過其他所有的功德。獨覺，最快四生可成，最多百劫可成，但不是一定能成的。譬如有人發了獨覺的心，自己並不知道，又沒聽到佛法，只希望能解脫生死，這樣的人是否能在一生之中證到獨覺就不知道了。也許發了這個心以後，因為願心存在，念力非常強，經過一生又一生，到達七生為止，可能就證獨覺果位而出三界。至於聲聞發心，也就是見到了佛，聽到佛說四聖諦法，或者緣覺聽到佛說十二因緣法，利根之人一生就能完成，鈍根的人七生也可以得到解脫。

釋迦牟尼佛的成佛，是經過三大阿僧祇劫，再加一百大劫，修習圓滿的相好，這段時間是相當長的。所以很多人一聽，覺得還是修阿羅漢比較好，只要短則三生，長則六十劫就完成了。那麼，這樣的人是否能成佛？如果沒有發無上菩提心，是永遠成不了佛的，大乘經典形容他們為「解脫三昧」，是喝解脫的三昧酒喝醉了，在小乘的偏真涅槃之中，認為自己已得究竟涅槃，其實是個三昧醉漢，沒有真正得到大覺自在的佛果。但是成了阿羅漢還是可以發菩薩心修大乘菩薩道，只是同樣要花三祇、百劫的時間。

有些人算盤打得很精，認為成了阿羅漢已得解脫之後，再做菩薩。但是，如果一開始就發了聲聞乘的願，根本不容易從聲聞乘的涅槃醒過來，再進入大乘的菩薩道。因為聲聞乘走的軌道跟大乘走的軌道很不容易交集在一起，如果遇不到佛的開示，轉成大乘佛法的話，大概就一直聲聞乘下去。因此，發心最好一開始就發菩薩心，雖然要歷經三大阿僧祇劫的修福修慧，卻並不浪費時間，是非常值得的。

三大阿僧祇劫的時間雖然很長，但如果這是你的心願，是你喜歡做的事，就會覺得三大阿僧祇劫很快便過去了。只要一直往前走，不考慮自己是否已經開悟的問題，好好努力用功，即使尚未開悟解脫，也不會墮落下去。所以發了度人救眾生的無上菩提心，自己一定是水漲船高，一定也是被度之人，即使佛不出現，觀世音菩薩也會現佛身，在你面前說成佛的方法，使你能夠達成大解脫、大自在的目的。

有一些只發聲聞乘心的人，他們喜歡避開人煙，單獨一個人在山中、林間、水邊好好修行，觀世音菩薩就現獨覺身為他們說無上的佛法。

另有一種人聽了釋迦牟尼佛的十二因緣，正在修十二因緣法，觀世音菩薩就現緣覺身為他們說無上的佛法。十二因緣即是生死，在生死的過程中，一個階段、一個階段清清楚楚，最後使生死變成解脫，也就是不生不死。

還有一種人是聽了佛所說的苦、集、滅、道四聖諦法，這四種修完成之後即能進入涅槃，觀世音菩薩就現聲聞身為其說無上的佛法。四聖諦是知道這是「苦」，「集」是苦的原因，「滅」是如何使得苦不再生起，然後以修「道」來斷除苦的原因。

只要見到觀世音菩薩現不同的身，為你說無上的佛法，你就一定能得解脫，能證無上的佛道。如果你覺得自己的工夫不夠、信心不足、力量很差，就求觀世音菩薩以最適合你的身分，在你面前出現吧！

問與答

信眾：大乘三摩地與聲聞乘三摩地的不同之處在哪裡？

師父：大乘三摩地不犯清淨戒，卻仍然能夠在平常生活中，心不受境界、環境所困擾、所轉變，不論動靜語默，隨時隨地都在定中；聲聞乘三摩地就是禪定，一定是打坐，如果還在人間，便是在山林裡、寺院裡、房間裡，和外在的環境完全隔絕。對他而言，外界的環境不存在，外在環境裡也沒有他活動的現象。

信眾：大乘修行是要幫助眾生，這本身是不是一種執著？

師父：這是發願，不是執著。為自己爭取利益、名譽，貪求順境，拒厭逆境，這是執著；若是為救助眾生做奉獻，這是發悲願，奉獻慈悲。

信眾：幫助眾生是否也可以說是一種欲望？

師父：欲望跟願望不同。欲望是為自己追求，若是為眾生，這是奉獻，也可說是悲願，但不是為自私貪欲的欲望。

信眾：不知道發了大願之後，要如何進行？

師父：親近發了菩提心的善知識是很重要的，善知識會告訴你該怎麼做。此外，也可從經典裡看到、熏習到。發心，是找到一個方向，而修行技術上的指導，還是要找善知識。

從佛的眼睛及佛的智慧所看到的眾生，一共分為十大類，前面四類是聖人，後面六類則是凡夫。聖人之中包括大乘與聲聞乘，大乘有佛與菩薩，聲聞乘有緣覺（又分獨覺及緣覺）與聲聞；凡夫的六類分為天、人、阿修羅、地獄、餓鬼、畜生（或旁生），以上十類稱為「十法界」。人是屬於凡夫之中的第二類。

在此十類之中，前面的四種聖人都曾在人間出現，他們是以人的身分修成的；後面的六種凡夫，除了人及畜生這兩類可以由人的肉眼看到、體驗到，其他的天、阿修羅、餓鬼、地獄，是從信仰上去相信，他們是否存在？有些沒有看到的人就沒有辦法接受，但是佛與有天眼通的人，都能看得到他們。

其實，佛教是不否定其他宗教的信仰觀點、信仰對象、信仰內容的，所以也包容其他宗教承認這些眾生的存在。那麼對於佛教本身來講，是否相信有天、阿修羅、餓鬼、地獄呢？從早期釋迦牟尼佛親自對弟子們所說的經律裡看到，雖然也有談到天、阿修羅、地獄、餓鬼，但主要是講人如何能夠成為佛、菩薩、緣覺、聲聞，如何把人做好，成為解脫者、大覺者，這才是佛說法的主要目標和宗旨。一般的宗教都相信有鬼、地獄和天神，所以佛希望能提昇這些宗教信仰的層級，讓他們不要僅以修行福德和禪定而求生天國，也不要造了惡業到地獄去，或者變成畜生、餓鬼，而是教他們能夠修行佛法得到解脫。因此，佛教不否定這些看不到的眾生，可是重點不在於相信他們。

《楞嚴經》提到觀世音菩薩有三十二種應化身，前面已經講了佛、獨覺、緣覺、聲聞四種，觀世音菩薩化現這四種身分，以度化有這些性格基礎的人，進入佛的層次，也就是有什麼樣性格的眾生，觀世音菩薩便直接以這種根性的身分來度他們，引導他們進入佛道之門，希望他們能成為大解脫者、成為菩薩、成為佛。

事實上，在我們人間有許多的宗教人士，說自己是天主、上帝，或是上帝的化身、代表。在西方，耶穌說他自己是神，是聖靈、聖父、聖子的三位一體，是同一個人；在東方，中國的天子雖然不是宗教人士，可是皇帝自稱為「真龍天子」，宗教的神話被皇帝運用在政治上，像中國近代的「太平天國」，首領洪秀全就自稱是天王，所以這也可以說在人間也能看到各種層次的神。

觀世音菩薩什麼身分都化現，甚至會化為地獄身、畜生身、餓鬼身，所以，一個學佛的人，是不敢隨便輕視所有的人及所有的眾生的。因此，不管是不是一個很好的佛教徒、其他宗教的宗教師，或者人格有問題的人，做為一個佛教徒來講，會認為這可能是菩薩的化身，是來度有緣的人。但是請不要誤解，以為佛教徒看到螞蟻、蒼蠅、蟑螂時，都認為是菩薩，會跪下來禮拜供養牠們。雖然佛教徒是包容一切宗教、愍念一切眾生，向下是以慈悲心來看，向上則是有正確的選擇。所謂「正確的選擇」，是以三寶為信仰的中心，以解脫為修行的過程，以成佛為最後的究竟。

若諸眾生，欲心明悟，不犯欲塵，欲身清淨，我於彼前，現梵王身，而為說法，令其解脫。

《楞嚴經》裡所舉例子的次序，既不是從上數起，也不是往下數起，而是採重點來舉例，其他的便省略了，所以觀世音菩薩並不是只有應化這三十二種身分。

天有許多層次，天上的眾生也有很多身分，有高有低，佛教看天界，一共有三界二十八天。以層次來講，三界是欲界、色界、無色界，欲界有六天，色界有十八天，無色界有四天，一共是二十八天。請不要想說：「我們又沒有去過天上，知道這些有什麼用呢？」這是為了要理解觀世音菩薩對什麼樣的眾生，就會用什麼樣的方式，幫助他們學佛、成佛。也許我們之中有人也具備和天上眾生相同的心態和善根，聽了之後，對我們就會有用的。

這段經文是說：梵天是色界的大梵天王，他一定身清淨、持戒清淨，不犯殺、盜、淫、妄等罪，而且心清淨，沒有淫欲心。沒有淫欲的清淨，天人就稱為梵天的天主或天人。因此，人間假如有人終身不結婚，不與女人或男人交往，或者結過婚又離婚了，從此不再有性行為，心中也沒有性行為的意念及欲念，直到身體行為都沒有性行為的徵候，這叫作「真修梵行」。因此，假如有人有離欲的傾向，希望從淫欲行及淫欲心得到解脫，使得身心能夠受持清淨的梵行戒，觀世音菩薩就在這個人的面前，現梵王身而說佛法。現梵王身的目的，不僅是要其禁欲，不再有性關係，更進一步，是要為他說大乘的解脫法，使其能夠成佛。一般人對於身心清淨莊嚴的人，都會產生恭敬心和信心，而梵天王是持戒最清淨的，在沒有性欲念的人面前出現，這個人一定會受到梵天王的感化，接受他所說的道理去做，這就是觀世音菩薩現梵王身的目的。

若諸眾生，欲為天主，統領諸天，我於彼前，現帝釋身，而為說法，令其成就。

帝釋天又稱三十三天的天主，即是欲界的第二天，住在須彌山的山頂，共有三十二個宮殿圍繞著他，而他住在中間的大宮殿，也就是第三十三天。帝釋天在欲界之中的享受，是最好、最大的，其他三十二個宮殿中，有很多的天女和天臣。在人間當國王已經滿好了，何況是到天上去做大國王，所以有的人很想生到天上去做天主。因此，觀世音菩薩就顯現帝釋身在其面前，並告訴他：「當天主還不如修行佛法好，所以我護持佛法，也請佛說法。」帝釋天經常化現人的身分至釋迦牟尼佛座前，聽聞佛法，請示佛法。所以觀世音菩薩就現這種身，到那些希望生天做天主的人前面，而這樣的感化力一定是很強的。

若諸眾生，欲身自在，遊行十方；我於彼前，現自在天身，而為說法，令其成就。

自在天是欲界最頂點的第六天，對五欲的享受，也就是眼、耳、鼻、舌、身所接觸到的享受，算是最高的了。帝釋天是前呼後擁，有權勢及美女等種種的享受，而自在天則是物質的享受，吃得好、看得好、聽得好、穿得好，凡是透過五根所接受到的種種享受，都是最高的，也是最好的。這種天人以五欲自在，思食得食，得到的是最好的食物；思衣得衣，穿的是最好的衣服；想要看美好的景色，就會馬上出現，雖然沒有群眾讓他統治，但是他在欲界的享受已經到了頂點。在人間也有五欲自在的人，因為他有很多的錢，凡是他想要的，就會有人願意提供給他，但這只是在人間，還沒有達到自在天那樣的程度，所以觀世音菩薩就現自在天身為他說法：「你不要以為自己的五欲自在，享受得很好，你還不如我呢！我是欲界最高的天主——自在天，但是我還在聽佛法，還在學佛！」

在臺灣中部地區，曾經有一位高爾夫球打得很好的業餘球員，他是當地的高爾夫球會長。有一次他來聽了我的一場演講，非常喜歡，結果下一次演講時，他的球友們都跟他一起來聽，一來就是一群，他們說：「我的朋友來了，我們當然也要來呀！」所以，連自在天王已經有了這麼好的享受，還會聽佛法、用佛法，那麼在五欲之中天天享受的人，必定也會接受佛法而得解脫了。這也就是說，菩薩要度眾生，必定投眾生所愛，在那一類眾生之中，以最傑出的身分去說佛法，才能夠使得那一群眾生接受他的影響，來聽佛法、修佛法。

若諸眾生，欲身自在，飛行虛空；我於彼前，現大自在天身，而為說法，令其成就。

自在天是欲界的最高，大自在天則是色界的最高。欲界是五欲，是有形相的，無形而有力量，則是屬於色界，「色」指的是有行動、有行為功能，在色界的眾生，身上沒有粗重的物質體，所以非常地自在。也就是說，如果有人以禪定的工夫修成了神通，他便不需要用肉身來搭巴士、汽車、輪船、飛機，甚至火箭等交通工具，因為他們的肉體雖然存在，但是他們的能力已經不必用到肉體，就可以到任何一個地方去了，四通八達，毫無牽掛，不需要護照或任何東西，想去哪裡就去哪裡。因為他們是那麼自在，所以有人會想：「我大概可以做色界的天王，也可以做宇宙主。」於是觀世音菩薩就現大自在天身為其說法：「你不要打妄想了！我是大自在天王，但是我還跟著釋迦牟尼佛修行，用佛法自助助人，所以你不要老是夢想做天王，還是老老實實學佛法吧！」

因此，我也要這麼講：「請你們不要胡思亂想了，還是一心一意來學佛法吧！」請不要認為天與我們的距離很遠，其實在人間就有這類的人。我們要把天與世間的人、佛菩薩與世間的人，都能夠結合在一起，這樣佛法才會有用。

若諸眾生，愛統鬼神，救護國土；我於彼前，現天大將軍身，而為說法，令其成就。

觀世音菩薩用種種身分來教化不同根器、不同嗜好的眾生，這些鬼神是統領鬼神的「天兵天將」。一定有人覺得很奇怪，觀世音菩薩為什麼要現那麼多古古怪怪的身形？因為人世間有種種不同性格的人、不同信仰的人、不同希望的人。在人間來看，他們是人，然而從菩薩的眼光來看，他們的信仰與希望不在人間，而是超越於人間，菩薩為了要度這些人，就投合他們的需要和信仰，現種種的身。

我曾看到有個人害了很重的病，醫生也醫不好，他的家人就來問我，我說：「他是業障病，最好拜懺！」因為我不能保證他會好，他們就找了一個能夠抓鬼的人。抓鬼的人念著咒語、持著符，一下子就把鬼抓到了，他說：「我現在抓到他了，我要處罰他，從此以後不准他再附在病人身上！」病人在旁邊叫著：「你饒了我吧！你饒了我吧！」結果病人沒有好，家人再去找抓鬼的人，他說：「我原以為他只是個小鬼，但是他找來一個比我力量更強的鬼，我抓不住他！」有一些人認為鬼神會聽他的話，他能統治鬼神，自己也希望有這種能力來命令鬼神，所以觀世音菩薩為了要度這些人，就現天大將軍身。

在鬼神中，不自由的叫作鬼，有福報的、自由的叫作神。鬼神中有大力的鬼王，也有飛行自在能統領整個世界所有鬼的神王。神王有三種不同的層次：1.管一個小世界，像是我們這個地球世界，只是娑婆世界東、南、西、北四個方向中，管其中一個方向裡的一個小世界；2.管娑婆世界中一整個方向裡的世界；3.管整個娑婆世界。帝釋天是掌管整個娑婆世界的一位天王，而天大將軍則是管娑婆世界中一個方向裡的一個小世界。

有一些人認為我們這個世界的魔太多、鬼太多，他們希望把全部的魔鬼治理一下。這種人是好心的人，為了保護我們這個世界上善良的眾生，而發了這樣的願心，因此他們要修種種的福報、種種的神通，準備修好之後，有能力來保護整個世界。在我年輕的時候，看到一位好像是詩人的青年，他說：「地球上的問題很簡單，有一天，我一隻手就把地球轉過來！」好像地球是塑膠做的氣球一樣，這是種狂想，是在做夢。不過這裡所說的，是真正發了願要做這樣事的人。

在歷史上，就有人想要統一世界、征服世界、控制世界。他們不一定是壞心，只是想把世界改造一下，除掉壞人，留下他們喜歡的好人。可是他們為了保護世界，結果把世界弄得天翻地覆，殺人如麻、血流成海。遇到類似這樣的人，觀世音菩薩就現天大將軍身為他說法：「你想征服世界、保護世界，現在先看看你是否能征服我，是否比我更強吧！」然後為他說佛法，慢慢地，這種人的企圖心、狂妄心會降下來，平復之後，就會接受佛法而得解脫。

若諸眾生，愛統世界，保護眾生；我於彼前，現四天王身，而為說法，令其成就。

娑婆世界的中心是須彌山，分成東、南、西、北四個方向，有四大天王，各保護一方。有的佛教寺院在大三門口立有兩尊金剛，也有的在三門裡站著四尊金剛，兩尊金剛是天大將軍身，四尊金剛則是四天王相。金剛與魔王作戰，永遠都是打勝仗的，能降服一切的暴力。四天王即是四位天王，各統治須彌山四方的一個洲，在每一洲裡有兩大族群的護法神，四個方向就有八個族群的護法神，這些都是保護世界和人民的善神、好神。由於這些善神有保護眾生的心願，觀世音菩薩就現四天王身為他們說法：「你的心雖然很好，但是也要學佛啊！你看，連我都在學佛了！」因此，如果有人發心要以四天王身守護眾生，但是沒有聽過佛法，觀世音菩薩就會現四天王身，在他們面前說佛法。

若諸眾生，愛生天宮，驅使鬼神；我於彼前，現四天王國太子身，而為說法，令其成就。

有一些人不願意成為統治者，不想成為大權在握的人，卻很希望做一個公子哥兒，做天王的太子，生在天宮裡享福。由於他是太子，天宮裡所有的天子、天女、天神都接受他的差遣。有這樣的想法也很好，因為做國王是很麻煩的事，做太子卻很快樂。在西方的神話裡，有一個騎著白馬的王子，我相信女孩子都希望遇到白馬王子，那麼男孩子在想像之中，就希望自己成為一個白馬王子。可是這裡說的是到天上去做天王的兒子，如果人間有這樣的人，觀世音菩薩就現四天王國太子身來感化他們，他們一看到自己心中所崇拜、所希望的人在面前出現，就能夠一見如故，心悅誠服。

若諸眾生，樂為人王，我於彼前，現人王身，而為說法，令其成就。

現在回到人間來了。也有許多人不會想像那麼豐富，要統治全世界、全宇宙，征服、保護宇宙，他只想到在人間做個國王就好了。

在《楞嚴經》裡，觀世音菩薩顯現種種不同的身分，為眾生說法，使眾生成就無上佛道，可是沒有提到究竟說的是什麼佛法？首先，菩薩一定會告訴他，如果要成為梵王、天大將軍，要具備什麼條件；現在則是準備做人間的國王，要具備什麼條件，依據條件的結果，才能得到所想要的地位。然而，得到地位並沒有什麼了不得，要更進一步學佛法，這才是最究竟的。就像你能夠得到這麼一個人的身分、一個頭腦，得到你的眷屬、你的福報、你的知識，一定是有原因的，必定先具備了自己的條件，才有今天這樣成就的事實。

有一位在哥倫比亞大學讀博士學位的居士來皈依，他已經讀了六年，快要畢業了，在這六、七年的時間，就是他一項條件的準備。我對他說：「完成身分是由於有了這項條件準備，所以應該要好好珍惜這項條件。雖然你現在已經不錯了，但是還不夠，應該要來學習佛法。」

想做人中之王是很不簡單的。人有人王、小孩有孩子王、猴有猴王，只要在一個族群裡是最有權威、最受人恭敬，並且能夠保護族群裡的每一分子，這就是王。有的人家中只有一個配偶和一、兩個孩子，不管自己在外面是怎麼過的，回家之後，只要能夠保護全家大小，就是這個家裡的王。在中國歷史上，有秦始皇、成吉思汗；西方的歷史上，則有亞歷山大、拿破崙，他們都是人中之王，認為自己能夠統治全世界，最後卻在世界上消失了。像這樣的人，在任何一個時代，任何一個地方都會出現，於是觀世音菩薩就顯現非常有威嚴、有權望、有福報、有道德的國王身，到這種人的面前出現。像印度的阿育王、中國的梁武帝，以及唐朝武則天，都曾有過這樣的表現，雖然自己的權力已經很大，但是對佛法非常渴望與尊敬，不但將佛法推行至全國，更推行至全世界，這種人就可視之為觀世音菩薩的化身。

觀世音菩薩只是用這三十二種身做為代表，他應該能夠在同一時間分身千手千眼來度眾生。這三十二種身分，多半是人的身分與形相，也有不少是人類以外的眾生形相。然而，我們在人間就可以發現，人的心理、行為裡，即有這種非常人的功能與心理活動，所以在經典中可以看到有人與非人。非人，是指除了人類以外的眾生，十法界裡除了人之外，其餘的九法界均非人類。

人之中，有的有佛及菩薩的性格、上帝的性格、魔王的性格、鬼的性格，還有動物的性格等等，所以人類性格的層面極廣。菩薩從人間看，就是人的樣子；從鬼來看，一定要現鬼的樣子，才能被接受；從神的立場來看，菩薩就現神的樣子。所以如果人想跟狐狸打交道的話，最好戴上一個狐狸頭，披一身狐狸皮，拖一條狐狸尾巴。

若諸眾生，愛主族姓，世間推讓；我於彼前，現長者身，而為說法，令其成就。

有一些人很希望做一個團體的領袖，或者家族的領袖，甚至做一個民族的領袖，要做這樣的領袖，需要有很大的能耐，其能力與品德，要能夠讓這一族或這一群人感覺到他是可以保護大家的，是安全的，才能被推選為領袖。我聽說猴王如果要使所有的猴子都服從牠，第一必須力氣大，第二則是能保護其他的猴子，並且公平地不讓猴子們互相欺負。

領袖人物必須具備做領袖人物的條件，觀世音菩薩就現長者身在此人面前出現。所謂「長者」不一定年紀很大，而是有道德、有足夠的能力自助助人。在佛經中被稱為「長者」，要具備十個條件：

（一）家族：其家族背景相當好，是高門第的世家，就像美國有名的甘迺迪家族與洛克菲勒家族。

（二）地位：有很高的地位與名望，到哪裡都是站在人群的前面，坐在人群的中間。

（三）財富：很有錢，還要很會用錢。

（四）威猛：有很高的威望，其形象讓人一看到就害怕，但不是恐懼。記得我在十多歲時，我的師父叫我送一樣東西給一個地位很高的大人物，當他的眼睛朝我一瞪時，我趕快跑，連東西也不敢送了，後來還是他叫門房把我這個小和尚追回去。這種人不一定是好人或壞人，就是有一點讓人害怕。

（五）智慧很高：有高深的智慧，任何人解決不了的問題，到他面前都能迎刃而解。譬如，曾經有一位醫師的母親已病入昏迷狀態，這位醫師就失去了自己的判斷和主宰，而來請教我。我說：「該送醫就送醫，不論是否能夠治得好，你們要時時念阿彌陀佛！」這不是我有智慧，其實人人都會講，只是當事人遇到自己的親人害重病時，便不知該怎麼辦了。我不過是給了他一個建議，他的心裡就能得到一種平安。

（六）年紀很大：年輕有年輕的好處，年老也有年老的好處，年紀大的人講話必定可靠一些。但是有的人愈老愈糊塗，不但不講理，而且很不好相處。所以做為一個長者，還是要有智慧、有穩定的性格。

（七）行為清淨：行為是大眾的標準，要能夠清淨不被汙染的、乾淨俐落的。

（八）有禮貌：不論對上、對下，或是對同輩，都要有一定的禮貌與禮節，如此才能被人尊敬。要有適當的禮儀，是什麼樣的身分，就應該具備什麼樣的禮節待人。如果稱小孩子為小朋友、小弟弟、小妹妹，會讓人聽了很舒服；如果叫小鬼或者小嘍囉，小孩子聽了當然就不高興了。

（九）上位讚歎：做為晚輩的長者，要被身分、地位高的人讚歎。

（十）下位服從：要被地位低的人服從，這是一個長者必須具備的條件。

因此，觀世音菩薩對那種喜歡成為一個團體領袖，或者一個民族領袖的人，就以長者的身分為其說法。因為他本身已具備做領袖與長者的完美資格，不管是在小團體、大團體，都可稱為領袖，觀世音菩薩就以一種標準領袖的條件與身分來為他說佛法。由於有了這樣的期望與欲望而聽到佛法，一方面真的可以做到領袖，另一方面又從佛法得到成就。

> 若諸眾生，愛談名言，清淨自居；我於彼前，現居士身，而為說法，令其成就。

居家修道之士，就是住在世俗家裡還能修行的人，稱為居士。以佛教徒而言，修道當然是修學佛法之道，如果沒有學佛是否也能修道呢？我在亞利桑那州大峽谷風景區看到一個山洞，標牌上註明曾有隱士住在那裡。隱士一定是很有學問，有很崇高的理念與理想，有點兒像是在波士頓森林裡，寫作《湖濱散記》的亨利．梭羅，在森林裡住了兩年的時間，這些人也可稱為居士，或者隱士、高士或名士，因為他們都非常重視語言、思想的辯論和邏輯，以及理想的追求與論述。在中國魏晉南北朝的時代，這種風氣很盛，而在印度釋迦牟尼佛前後時期，也有很多這樣的人，他們都住在山裡、林中、洞裡。雖然美國七十年代的嬉皮類似修道之士，但他們是在人間披頭散髮到處跑，和真正的修道人還是不一樣的。

於是觀世音菩薩就以居士身，為這些居於俗世修行的人說佛法，他也現出有理想、有隱士的傾向，看起來是和他們同類，除了說他們喜歡聽的話之外，再講佛法。在臺灣有一位四十多歲的在家居士，他看到綠燈戶裡的人很可憐，就發了大願要去那邊弘法，結果那位居士去了有半年之久，許多人都說他大概有問題了。後來他來見我，我問他度了多少人？他說：「阿彌陀佛！我差一點就被度了！」所以菩薩就是菩薩，不論現什麼身，都是恰到好處地顯現出來，若無這種能耐，想模仿菩薩化現，是無法成功的。

若諸眾生，愛治國土，剖斷邦邑；我於彼前，現宰官身，而為說法，令其成就。

宰官是政治人物、政治家，或是政府的大官員，這些人的理想非常大，希望治理國家，使人民的生活更好、更安全、更富足、更公平，他們往往是一人之下，萬人之上的大官身分。宰，是主宰的意思，有權決定國家的大事，在過去是宰相，現在大概是總理、總統制則是行政院長、香港的總督，以及美國各州的州長等，只要有自治權力的最高長官，都叫作「宰官」。

觀世音菩薩在這些眾生面前，當然現的是最大的官，要不然就不能讓人佩服，也不能讓一般的官員尊敬，他的地位、能力、權力，一定是比所有的官都要大。菩薩首先會告訴他們治國的方法和理念，如何使國家富強，人民安樂，然後引導到最高的佛法，成就佛道。

若諸眾生，愛諸數術，攝衛自居；我於彼前，現婆羅門身，而為說法，令其成就。

婆羅門是印度一種在家宗教師的階段，他們年紀大了之後也可能出家，其能力是通神、通天、通自然。數術，不是現在的數學，而是透過看方向、時間、日期、星象卜卦等等方式，來計算人的吉凶、好壞。年、月、日是數，天文、地理是數，方位、角度都是數，以數字、數目來判斷吉凶；術則是符咒、咒術、咒語，奇門遁甲，布陣設局。

我在臺灣見到有位四、五十歲的婦人替民間私人廟做廟祝。有一天她來看我，我問她在廟裡做些什麼？她說：「我現在過得很好呢，我一個月只要能夠為人掛二十個八卦，就能有很多錢了。」她專門替人掛八卦，我問她怎麼知道掛八卦？她說：「很簡單啦！不論是生病、生意做不好或家裡發生事情的人，到廟裡求神，我就告訴他們，家中大門要掛一個八卦，如果一個八卦沒有好，就在房門掛第二個八卦，如果兩個八卦還不夠，便在後門口掛第三個。」所以她的生意很好，因為人的運氣總是會轉變的。

但是印度的婆羅門，一定要有相當大的學問，也要有一些修行，對於所有的門道都是清清楚楚，不像那位中年婦人一樣，胡亂為別人掛八卦，他們是真的會，也真的懂。你是否相信這些呢？也許廟裡的師父要你掛的，掛上去之後，心裡至少會有一種安全感。不過，正信的佛教是不做這些工作的，不然就成了外道。但這也沒有什麼丟臉，連觀世音菩薩在必要時，也現外道的婆羅門身，但觀世音菩薩是為了度眾生而現這種身，不是為了賺錢而做這樣的工作。

在《楞嚴經》中，觀世音菩薩有三十二種應化身，但是在〈普門品〉中則有三十三種，而真正的觀世音菩薩，是有多少類型的眾生，就化現多少類型的身分，以適應不同類別和不同層次的眾生。這是比照印度當時的社會而設定的，假如換到今天的社會，就不一樣了，現在有總統、各類科學家、哲學家、宗教家、學問家、士農工商等，而這種種重新分類的身分，在經典裡沒有出現。

若有男子，好學出家，持諸戒律；我於彼前，現比丘身，而為說法，令其成就。若有女人，好學出家，持諸禁戒；我於彼前，現比丘尼身，而為說法，令其成就。若有男子，樂持五戒；我於彼前，現優婆塞身，而為說法，令其成就。若有女子，五戒自居；我於彼前，現優婆夷身，而為說法，令其成就。

佛教徒之中，有在家的兩大類和出家的兩大類，出家與在家都有男眾和女眾，也就是男性和女性，因此稱所有的佛教徒為「四眾」：出家的男眾為比丘，出家的女眾為比丘尼，男眾在家居士為優婆塞，女眾在家居士為優婆夷。假如有人喜歡學習出家人，想受持出家的比丘或比丘尼戒律，觀世音菩薩就現比丘相或比丘尼相在此人面前出現，讓人感覺非常好，很願意跟著他學習，就會跟著出家了。有位馬來西亞的年輕法師來看我，我問他是跟哪一位大德法師出家的？他說：「我是跟中國大陸的某位法師出家，馬來西亞的法師雖多，但是我認為能做我師父的好像沒有。」也許因為他所接觸到的法師，無法使他起恭敬心而去求度出家，而這位來自中國大陸的法師，偶爾到馬來西亞弘法，看到他的法相莊嚴、學問很好、很慈祥、威儀很好、持戒很嚴格，所以認為這就是他要找的師父了。觀世音菩薩也是這樣，他顯現清淨莊嚴的比丘相時，能夠使人願意出家而求剃度。

就像歌星有歌迷、影星有影迷、球星有球迷，信佛的是佛迷，你是哪一種迷？

能夠使人迷上，必定有他的原因，由於你的興趣和他的表現，讓你覺得很崇拜他，所以成為歌迷、影迷、球迷、佛迷。我見到有不少人是達賴喇嘛的迷，不管達賴喇嘛到哪個地方去傳法、弘法，他們都可以把工作放下來，去聽他講經，去追隨他。很多人說達賴喇嘛是觀世音菩薩的化身，所以他有這麼大的吸引力。也有人說我也有一群迷，聽我的演講、看我的書、接受我的禪修指導。

比丘受的戒律是二百五十條，比丘尼受的戒律有三百八十多條，更多的戒是屬於威儀的部分，如果全部都算，三千威儀、八萬細行，威儀有三千個項目，細行則有八萬四千，也就是外表所表現出來的微細動作有八萬四千個，實際上是個萬量數。如果每一樣都要做得很好，大概只有觀世音菩薩才能做到了。

做為佛教徒的在家居士，必須要持五戒，如果不能嚴持清淨，也得學著遵守五戒的大原則，這跟一般沒有學佛的人就不太一樣了。五戒第一是不殺，至少不殺人，最好能夠一切動物都不殺；第二不偷盜，至少不做土匪、強盜、小偷，最好任何非分之財都不苟取；第三不邪淫，至少沒有不正常的男女行為，最好不正常的性行為及性表現均防止；第四不妄語，至少不說謊使人受損失，最好不說無意義的閒雜話；第五不飲酒以及不用痲醉品，最好不碰凡有酒香、酒名、酒性的飲食。以上五個項目，是做為一個在家居士的生活行為標準，便可保護自己、保護家庭，以及保護社會。

我們每次打完禪七之後，都會受五戒，許多人害怕，而說受了五戒之後，恐怕沒有辦法遵守，我會問：「你今天晚上就準備殺人嗎？你今天晚上就會去搶銀行嗎？你今天晚上就會找男人或女人亂來嗎？」他們都會說：「不！」那麼這五條戒能夠守一天也是好的，如果到了明天一定要殺人了，就先捨戒，之後再受戒，因為受戒之後，至少有個戒心，知道自己是受了戒的，做壞事之前要好好考慮一下，是否願意馬上破戒、捨戒。所以接受戒律等於是幫助自己築了一道保護牆或是護城河。戒律如果能夠守一生當然最好，其目的是在於保護自己的身心健康、家庭和諧，以及社會的安定。也有的人不能不喝酒，我會告訴他：「這一條戒你可以不受。可是要告訴自己，我是個佛教徒，不能喝得像個醉漢一樣，喝是可以喝，每次少喝一點。最好先受了戒再說，到時想到已經受戒，便可不喝了。」

觀世音菩薩如果做為在家居士，可以做一個很標準的在家居士，能夠受到家裡的人歡迎、尊敬，也能夠受到親戚、朋友、社會各方面的尊重。因為一個在家居士、一個佛教徒，其人品與性格必定讓人接受、信賴而有安全感，大家也都願意去學習他、模仿他。

若有女人，內政立身，以修家國；我於彼前，現女主身，及國夫人，命婦大家，而為說法，令其成就。

過去的家庭都是男主外，女主內，家中的事都是女主人在負責，中國人稱自己的太太為「內人」，日本丈夫則稱太太為「家內」，也就是說男人比較向外，對家裡的許多安排沒有像女主人那麼地細心、用心。理論上，這種時代似乎已經過去了，其實我見過許多的現代家庭，還是由女主人照顧，如果一個家裡只有父親而沒有母親，在照顧方面一定不如母親那麼周全，當然也有父兼母職做得很好的人。最近我看到一篇文章，建議男人結婚找對象時，不要僅僅是以女人的面相和身材來做為選擇的條件，如果為了將來的兒女著想，最好選擇她的頭腦、品德與性格。當然，內外兼修是最好的。所有的女人都希望自己人格健全，能夠將兒女及家庭照顧得很好，培養得很好，孩子將來到了社會上，能為大眾服務，成為社會、國家的棟樑人才，這和母親的人格修養與頭腦有相當密切的關係。因此，觀世音菩薩就顯現出這種優秀婦女的身分做為模範，以影響她們，讓她們也能和像觀世音菩薩這樣的人學習佛法。

這一段經文提到好幾種身分的女性，一是國家的王妃、皇后、或者女皇身；另一種國夫人是宰相、大臣的夫人；命婦則是世家、豪族、豪門的貴婦人；大家又叫作大姑，意思是在這個家族或在社會上極受尊敬的夫人。

觀世音菩薩是千真萬確處處示現的，千處祈求千處應，萬處祈求萬處現，在同一時間的一切處有人需要他，他於一切處都會同時出現。他出現的都是化身或分身，菩薩的本身並沒有住在一定的地方，雖然淨土經典中說是在西方極樂世界，然而觀世音菩薩的法身，遍於一切時、遍於一切處，無處不在，無時不在，有緣的人祈求他，他就會以化身或分身出現。但是，因緣若不成熟的話，祈求他也不一定會出現，即使出現，也不會知道這是觀世音菩薩。

若有眾生，不壞男根；我於彼前，現童男身，而為說法，令其成就。若有處女，愛樂處身，不求侵暴；我於彼前，現童女身，而為說法，令其成就。

童男、童女並不是指小孩子，而是從出生之後，就不與異性發生關係，不與異性有性行為，在今天這個世界上，這種人是很少了，如果真有這樣的人，大概就是童貞出家，或者是從小就不與異性接觸的人了。觀世音菩薩會現童男、童女身為他們說佛法而得成就。

若有諸天，樂出天倫；我現天身，而為說法，令其成就。若有諸龍，樂出龍倫，我現龍身，而為說法，令其成就。若有藥叉，樂度本倫；我於彼前，現藥叉身，而為說法，令其成就。若乾闥婆，樂脫其倫；我於彼前，現乾闥婆身，而為說法，令其成就。若阿修羅，樂脫其倫；我於彼前，現阿修羅身，而為說法，令其成就。（若迦樓羅，樂脫其倫；我於彼前，現迦樓羅身，而為說法，令其成就。）若緊那羅，樂脫其倫；我於彼前，現緊那羅身，而為說法，令其成就。若摩呼羅伽，樂脫其倫，我於彼前，現摩呼羅伽身，而為說法，令其成就。

天龍八部，又稱「八部鬼神」，主要是指護法神，這些龍天護法共有八類。

他們都不是人，屬於天道，是帝釋的扈從，在佛經中時常看到他們參與法會，護持三寶。雖然有畜生相及鬼相在內，但是他們的福報和天相同，這都不是在人間可以看得到的。在佛經裡的傳說，在人類之上的高層眾生，就屬於天了，還有天的扈從、跟班，為天人服務的一切眾生，實際上就是諸神，也算作天神。這些神都住於空中、天上，然而他們的道德、性格不如天人，沒有主導權的力量，只能為天帝服務。

為了使他們希望脫離鬼神的身分，觀世音菩薩也現天龍八部的鬼神身，向他們宣說佛法，使他們能夠離開鬼神的範圍，而得成就佛道。在四攝法之中，有一種法門，叫作「同事攝」，菩薩度眾生，是用眾生所認同的身分和形相來接近他們，讓眾生接受，然後跟他們說法，讓他們脫離當下的身分。

下面介紹天龍八部的這八個名詞：

（一）天：欲界的天人是以享受精細五欲的福報而生，是因持五戒、修十善而生欲界六種天的天身。此處的天，不包括禪定天，僅指地居天及空居天中的八部鬼神。這些天人有善根福報，能自由來去於人間天上，然而福報享盡時，仍會墮落到人間或三惡道去，因此菩薩就現天人身為其說法，讓他們脫離天界，成就佛道。

（二）龍：這是傳說中的一種神物，不屬於現實的人間，但是在佛教的信仰裡，是有這一類的眾生。龍主要是生長在水裡、遊行於天上，也可能活動於深山大澤中。

（三）藥叉：是大力的神或大力的鬼，在佛教的許多雕刻和繪畫裡，那些護法神的面目猙獰，肌肉發達，手上拿著各種各樣兵器的金剛，其實就是藥叉，也有人稱其為「金剛力士」。佛經中描寫說，男的金剛奇醜無比，人人看到就感到恐怖毛豎，被他震懾；女的藥叉則奇美無比，人人看了都很喜歡。

（四）乾闥婆：又叫作「飛天」，會演奏種種的樂器，還會演曼妙的舞蹈，一邊演奏樂器、一邊跳著舞，所以在許多石窟中，壁畫與雕刻裡，都能依佛經的描述而變成藝術創作，讓我們看到這些飛天的美姿。

（五）阿修羅：又稱「非天」，有天的福報，但是沒有天的道德。雖然他們是住在水底，但是常常上天去與天人作戰，因為他們很嫉妒天神。阿修羅每次作戰都會打敗，敗後就趕快逃，然而又不服氣，過一段時間又上天去作戰。他們的物質享受與天相同，但是和天神作戰已變成了一種習慣，所以有天眼通的人，看到他們往往是處在恐懼之中，也會看到有一些兵器從空中飛到他們的宮殿裡來，他們被這些兵器斬斷頭、斬斷手、斬斷腳時，雖然很快就能連接上，可是他們還是害怕。觀世音菩薩便示現阿修羅身，為之說佛法，令其脫離阿修羅身而成就佛道。

（六）迦樓羅：又叫「大鵬金翅鳥」，是印度神話中一種性格猛烈的大鳥，身體特別長、特別大，以龍為主要的食物。佛經裡還有一個是五百鬼子母，專門吃人間的小孩，所以釋迦牟尼佛就規定出家與在家弟子吃飯時要念〈供養咒〉，拿一些飯送到外面，主要是供養大鵬金翅鳥及五百鬼子母。念了咒語之後的食物，他們就夠吃了，便不吃龍及小孩了。

（七）緊那羅：是音樂神，歌喉很好，唱的歌非常美妙，可是長得很醜，頭上有一個角，面孔雖然是人，但仔細看又不是人，可是因為聲音好聽，就成為帝釋天的歌神，專門為帝釋天唱歌。有人說「此音只應天上有，人間難得幾回聞」，大概就是指緊那羅唱的歌了。

（八）摩呼羅伽：又叫「大腹行」，是大蟒蛇的形狀，像龍，但是沒有龍那麼大的福報與自由。如果顯現原形，就是一條大蛇，走路是用大肚子在走的。天龍有四隻腳，摩呼羅伽沒有腳，差別就在於此。他們是天上的神，也是天的隨從，當天人或天帝有所行動時，便跟著做隨從。

根據佛經的記載，以上八部都是有善根的，也都能夠聽佛說法。他們知道生在三界之中是在受苦，雖然有福報，但也有很多的苦報，因此願意聽聞佛法。觀世音菩薩為了度這些眾生，就現這些眾生的身相來為他們說佛法，讓他們脫離這種眾生形相的範圍。

天龍八部和人間並無關係，然而聽一聽佛教裡的神話也是很好的。雖然我們看不到，但是從宗教的信仰來講，這些眾生是存在的。當我們在修行時，需要龍天護法的護持，若是得到感應，就是得到這些護法神的協助。密教特別重視護法神的護法，禪宗雖不重視護法神，可是在《高僧傳》裡，可以看到禪宗的禪師們、祖師們在修行的過程之中，都有護法神護法的。連我自己也是有護法神，你們看到我的護法神嗎？如果讓你們看到，那就不是神了。雖然看不到，但他們一定是存在的。有次我從臺灣回到美國，在安克拉治機場休息時，有一位居士來跟我說：「師父，你也在飛機上！我本來還擔心航空公司的飛機可能有問題，現在看到師父，我就放心了！」一回到紐約之後，他到東初禪寺來看我，又跟我說：「師父，你在飛機上，我們都很安心！」他們相信我在飛機上，飛機就是安全的，這不是我有本領，而是他們相信我有護法神。

在佛經裡講天龍八部是八類護法神，其中一類迦樓羅（大鵬金翅鳥），就是「人非人」。在《楞嚴經》裡，人與非人隔開成了兩類，而在梵文裡，「人非人」則是一類，所以即使沒有大鵬金翅鳥，也有八類。「人非人」究竟是什麼？他顯現人的樣子，經常在人間出現，但他不是人，而是一種神靈。人是父母所生，有人的身體，而「人非人」這一類眾生不是父母所生，長得卻和人完全一樣，甚至還可以和人結婚生子，所以叫作「人非人」。這種眾生在現實的生活裡不容易看到，可是在中國的小說及神話故事裡有此類眾生。

問與答

信眾：「令其解脫」是什麼意思？

師父：希望超脫、脫離其本身這一道，而得解脫的意思。

信眾：護法神和靈異的差別之處在哪裡？

師父：靈異可能是邪靈、邪鬼，護法神一定是保護修行佛法的人。

信眾：寺院及學佛人家裡所供的食物，是供養給誰的？

師父：原則上是表示對三寶的供養恭敬心，這是一種象徵，並沒有要供養給誰吃。

若諸眾生，樂人修人；我現人身，而為說法，令其成就。

雖然人的身體是一種累贅，也有很多的麻煩：不吃肚子會餓，不穿身體會冷，不照顧它會生病，年齡稍長又會老，最後還會死。可是人的身體也非常可愛，能夠做好事、行善、為人服務，還能夠弘法、修行；也有的人是用身體來享受，吃得好、穿得好，能唱歌、能跳舞，以及過男女間的生活，非常快樂，所以做人還是不錯的。於是觀世音菩薩就現人身來對人說法，使得這些眾生能夠成就佛道。

凡是有大乘佛教的地方，包括漢地、藏地、日本、韓國、越南等地，多半相信有觀世音菩薩，特別是漢傳佛教與藏傳佛教這些大乘佛教區域的所有佛教徒們，沒有人不知道觀世音菩薩，也沒有人不相信觀世音菩薩。其實，到了歐洲也可見到觀世音菩薩，天主堂聖母瑪利亞手上抱著一個嬰兒，就很像我們的送子觀音。早期的東初禪寺是在現址的對面，樓上前面的房間，我們租給兩位神父居住，有一天我去拜訪他們，在他們的房間裡就掛著一幅觀世音菩薩畫像。我說：「這不是觀世音菩薩嗎？」他們卻說：「不，那是瑪利亞，是我們從臺灣帶來的。」畫中的菩薩是那麼慈悲，那麼受歡迎，其實那就是觀世音菩薩。初發心菩薩是有性別的，但是像觀世音菩薩那樣的大菩薩，他本身是中性，可以現出男性，也可以現出女性。

若諸非人，有形無形，有想無想，樂度其倫；我於彼前，皆現其身，而為說法，令其成就。

非人的範圍相當廣，除了天龍八部外，一切的神靈都包括在內。非人可以現出有形，也可能沒有形相，僅僅是精神體或靈體。有些眾生因為是無形的靈，住在很高的有想天或無想天，另有一些則是屬於有形的靈物，像中國古典文學中所提到的麒麟與鳳凰。非人並不是特定指某一類眾生，而是較為神祕的一種，他們比較自由，壽命較長，活動的空間範圍也廣，身體的靈活度比人要強。這些眾生也希望能夠解脫，能夠脫離現在的環境與身分，因此觀世音菩薩就到非人的群眾裡，和他們一起生活，度他們修菩薩道及佛道。

以上是《楞嚴經》中所舉出的三十二種觀世音菩薩應化身，實際上觀世音菩薩應該有更多、更多的應化身。

是名妙淨，三十二應，入國土身；皆以三昧，聞熏聞修，無作妙力，自在成就。

觀世音菩薩因為不同眾生的需求，要他說法救濟，所以化現了種種身。人間一般眾生所求的，都是希望觀世音菩薩能給予力量、財富、順利，以及好運氣，甚至是一個好丈夫、好太太、好子女等，而觀世音菩薩為了適應眾生，為了使眾生脫離現在的身分與環境，修菩薩行而成佛道，所以顯現不同的身分來分別救濟。

我認識一位太太，她的先生出外做生意時，聽說被黑道控制，跟著黑道一起做壞事。這位太太就去請教一位法師該怎麼辦？法師說：「妳要常念觀世音菩薩，求觀世音菩薩幫助妳，從現在開始妳要發願吃素，要學佛好好修行，願妳的先生能夠早日平安歸來。」這位太太在觀世音菩薩前虔誠地發願，從此開始吃素、念經、做布施，過了一年多，她的先生真的回來了。她就把這個故事告訴我：「觀世音菩薩真靈，教我不相信都難。」我問她是否還吃素？她說：「我的先生已經回來了，我還要吃什麼素，念什麼經呢？」我想觀世音菩薩沒有度到這位太太。這就是中國人的迷信，是一種民間信仰，認為吃素已有一段時間，誦經也誦了幾十部，功德已經很大了，並且希望求得的感應已經達成，於是素也不吃，經也不誦了，這是顛倒。菩薩救度人，是為他說佛法，從此之後要修學佛法。

「是名妙淨」，「妙」是變化無盡，能適應十方眾生之需求；「淨」，不住於相，雖然觀世音菩薩處處現身，但沒有一定的形相，沒有執著哪一種身相是他自己的。

「聞熏聞修」，因為觀世音菩薩是修耳根圓通法門而悟道，所以住於耳根圓通三昧。「熏」是用耳根接受外面眾生的訊息，一邊用耳朵聽眾生的聲音，再通過耳根圓通，修持廣度一切無量眾生的法門，幫助眾生。

「無作妙力」，無作又稱「無願三昧」，是屬於三三昧之中的一種，這要到八地以上的菩薩才有這樣的力量。在八地以前還是要發無量的願，度無量的眾生，到了第七地之後，從第八地菩薩開始，就已到了「無功用」，不需要再想、再發願度眾生，而是自然而然就在度眾生了。就像開汽車，在八地之前第七地為止，必須還要一直加油，到八地之後的汽車，已不再需要加油，因為八地菩薩的力量已是無遠弗屆，能到達任何一個地方了。

第三章　觀音菩薩的十四種無畏加持力

世尊！我復以此，聞熏聞修，金剛三昧，無作妙力，與諸十方三世，六道一切眾生，同悲仰故。令諸眾生，於我身心，獲十四種，無畏功德。

「聞熏聞修」所完成的定，動靜不二，叫作「金剛三昧」，這是非常堅固，永遠不會被破壞或改變的，也只有像觀世音菩薩這樣的大菩薩，才能夠修成的三昧。由金剛三昧而產生的「無作妙力」，無論向內看、向外看，都有無限的力量，從整體看，則是寂靜、空寂，空而寂滅，等於不存在，不可能被其他任何力量所影響，但其力量卻可以度盡一切眾生，而不受阻礙，這就是金剛三昧。

「同悲仰」，觀世音菩薩雖然是大解脫者，可是和十方三世六道一切眾生是不相離的。菩薩站在眾生的立場，覺得眾生就是他，他就是眾生。眾生有執著，有自我，自私自利，於是他要使眾生得到佛法的利益，就像他自己已經得到佛法的利益那樣。悲是悲愍、悲切；仰是仰望、仰求、仰慕，仰賴十方三世一切諸佛與菩薩來為眾生救濟，所以觀世音菩薩與所有眾生同樣的悲仰，因此他希望以眾生自己的身心，能夠得到十四種利益。

在《法華經》的〈普門品〉中，觀世音菩薩也發了願，當眾生被許多的災難困擾，被無量的痛苦迫害時，觀世音菩薩就以偉大的、清淨的、智慧的力量，幫助眾生離苦得樂，這即是「同悲仰」。這讓很多人得到精神上的鼓勵和信仰上的安慰，在遇到災難、困擾、折磨，叫天天不應，叫地地不靈，什麼人都幫不了的時候，觀世音菩薩一定會來救我們的。因為觀世音菩薩是修耳根圓通，只要一念菩薩的名號，他就會來幫助我們，永遠不會放棄我們。像上述所舉的例子，那位太太為了先生的平安，念觀世音菩薩、誦經、吃素，先生回來後她就不再這麼做了，像這樣子的人，觀世音菩薩會不會救她？菩薩只管當下，只知道你當時需要他，他就會來救你。

我在臺灣閉關時，有一個女孩到我的關房前哭哭啼啼，希望我幫助她找份工作，我就寫了封介紹信，她很快地回來感謝我說：「師父，你真是有求必應的觀世音菩薩，我很感謝你！」然後再也沒看到她了。過了幾年她又在我面前出現，說：「師父，你是我的觀世音菩薩，希望你救救我，我現在又沒有工作、沒有錢，生活也成問題了！我希望能夠去佛學院讀書。」我寫了封信讓她到佛學院報到，然後她又不見了。過了幾年，她再來見我，說：「那個佛學院不好，所以我現在正在做遊覽巴士上的車掌小姐。不過，我還是想出國讀書，師父，你是我的觀世音菩薩，請你幫幫我吧！」我說：「阿彌陀佛！我還沒有成為觀世音菩薩，我是聖嚴法師！」一直到現在我都覺得對她很抱歉，可是我怎麼會有錢給她去國外讀書呢？如果她那時候是跟我說想要出家，這個我倒是可以幫她一個忙。雖然我們不是觀世音菩薩，不過觀世音菩薩的這種慈悲心，我們還是要去體驗的。

問與答

信眾：菩薩幫助眾生是直接的還是間接的？

師父：都有可能，不過往往間接的幫助比較多，直接的比較少。

信眾：師父常常要我們自己努力，那麼依賴菩薩是否恰當呢？

師父：菩薩是給我們一個立足點，告訴我們方向，但是往後走，就需要靠自己的努力了！

「功德」是很抽象的名詞，而此處的「功德」則是具體的。許多人認為菩薩救度眾生，是菩薩有功德，卻沒想到眾生也有功德。由於觀世音菩薩自己修行的功德，能夠以他的功德成就來幫助眾生得到功德，此功德是由力量而使眾生產生受用與利益。因為觀世音菩薩有大慈大悲的力量，能夠應聲知道眾生需要什麼救濟，就恰到好處地給予眾生救濟，因此，眾生只要知道有觀世音菩薩，只要相信觀世音菩薩，就能無所畏懼，不再害怕，這即是無量的功德。

一者：由我不自觀音，以觀觀者。令彼十方苦惱眾生，觀其音聲，即得解脫。

「不自觀音」，不觀自己的聲音，不被自己內在的聲音所執著，因為觀世音菩薩的觀音法門，是反聞聞自性，而自性本空，無所可聞，因此他不聽自己內在的聲音。「以觀觀者」，觀者是正在做觀想的觀世音菩薩。觀世音菩薩本身也是如幻的，不是實在的，也就是自己不存在，所以不會被外塵所動，此時就是如幻金剛三昧。這有兩個層次：1.不觀自己的聲音，反觀自性，自性本空，所以應無所觀；2.觀自己，是觀正在觀的那一個能觀者，也就是觀自性的那一個人，觀自性，自性是空，所以這個能觀者也是空。空再加上空，這是不動，就是金剛三昧。現在有一派外道，自稱是《楞嚴經》裡「不自觀音」的觀音法門，可惜他們沒有看懂《楞嚴經》，沒有了解《楞嚴經》，因為他們那個「觀音法門」是有聲音的，眼睛閉起來可以聽到內在的聲音。

《法華經》中的〈普門品〉裡提到，如果有無量數的眾生正在受苦惱，聽到觀世音菩薩，又知道了有這麼一位菩薩，一心稱名，此時觀其音聲即得解脫。觀世音菩薩向內是觀自性，而不是觀聲音，然而十方眾生只要念觀世音菩薩的名字，聽觀世音菩薩的名聲，就能得到解脫。所謂「觀世音」，在梵文是「Avalokiteśvara」，就是「觀世間的音」，雖然他的名字叫作觀世音，但他自己是沒有聲音的，觀的是無聲之聲。因此，「觀其音聲，即得解脫」，其實是觀自性無性的空性而得解脫，請不要認為念觀世音菩薩，聽觀世音菩薩的聲音，馬上就得解脫，這是外道。如果那樣就得解脫，是非常奇怪的事，因為執著聲音，有了執著又如何能得解脫呢？

但是根據宗教信仰的層次，如果有了苦惱與困難，就念觀世音菩薩，或是聽其他人念菩薩的聖號，苦難與危險就得解脫。有人夜裡做惡夢時，念觀世音菩薩，惡夢就會醒了；有人遇到煩惱，聽觀世音菩薩聖號，煩惱也會減少，這是由於觀世音菩薩的感應，而使困難解除，然而跟一切苦惱眾生的煩惱全部解脫，還是有距離的。佛經裡講，如果在地獄裡還能夠念出一句佛號，馬上就能離開地獄。

二者：知見旋復，令諸眾生，設入大火，火不能燒。

「知見旋復」，「知見」是見聞覺知，包括六根在內；「旋復」是耳根反聞、眼根反視、鼻根反嗅、舌根反嘗，乃至身根反觸，而不是用六根去接觸外界。本來我們的六根是與外境的六塵接觸，然而觀世音菩薩修耳根圓通時，是用耳根反聞聞自性，用眼根反觀觀自性，所以此處的「知見旋復」，實際上就是六根的見、聞、覺、知等皆反照自性。

因為菩薩能夠旋復，也就是觀六根、六塵的自性，反過來聽自性、觀自性，所以能使得眾生進入大火，火不能燒；入大水，水不能淹。由於有反觀自性本空的能力，所以反聞自性、反觀自性之後，外境是不存在的，外境的任何東西都不能傷害他；不僅僅是不能傷害，還能夠以菩薩的慈悲力使得眾生不受到傷害。這裡有兩層意思：這是一種信仰，只要念觀世音菩薩的名字，其慈悲力量就能使得眾生離開大火、大水等；進一步，如果也能使得眾生的知見旋復，眾生也能夠觀自性本空，即使進入大火、大水，火、水也燒不到、淹不死了。

而這種「火」也是煩惱的火。因此，當我們心火如焚，心中的火好像要殺掉自己和所有的人，此時念觀世音菩薩或者阿彌陀佛，再觀自性本空，煩惱的火一定馬上息滅。

三者：觀聽旋復，令諸眾生，大水所漂，水不能溺。

「觀聽」，是六根之中的耳根，也就是觀世音菩薩的耳根圓通。耳根反聞聞自性時，水淹不死，土埋不死。這種「水」是欲望的水，欲望的水無孔不入，而且是非常痛苦的，如果能用耳根聞自性，欲望自然而然就會消滅。此外，當真正遇到水災時念觀世音菩薩，菩薩能夠使得眾生雖沉溺在水中，也能得到救濟。

中國古代有一位法聰禪師，他獨自在山裡搭了茅篷修行，他的道德與修養受到許多人的敬仰。有一次，有位大官前去拜訪他，可是怎麼找都找不到。第一次大官到了山谷附近，馬就啼叫著不肯前往；第二次馬也是如此，不肯進入山谷；第三次，大官不騎馬了，自己走入山裡，看到山谷裡全都是火。他說：「哎呀！山谷裡失火了，法師在裡面不是要被燒死了！」正在想著，山谷裡一下子全都是水，變成一個水庫。等了一會兒，他說：「我是來見法聰大德法師的！」轉念之間，水與火都消失了，出現一間小茅篷，大官前去問道：「我不知道能不能進來？剛才我看到火，又看到水！」法師輕描淡寫地說：「因為我剛才想到火，就變成火；我想到水，就變成了水。」山谷裡是不是真的有火、有水？如果是真的，那麼山谷裡所有的動物與植物都會被火燒死，被水淹死。其實，沒有火也沒有水，而是那位法師的心力強，想到火，別人看到的是火；想到水，別人看到的則是水。

心是非常重要的，觀世音菩薩反聞聞自性，他的心外沒有環境，遇到環境困難時，馬上把心從六塵的境界轉回來，反觀自性，一切問題都沒有了。凡夫沒有這麼大的力量，可是我們仗著菩薩的慈悲力、功德力，也就是菩薩的心力，使得煩惱的火燒不起，欲望的水淹不著，功德就是這樣產生的。因此，遇到火與水的災難時，就念觀世音菩薩，相信觀世音菩薩有這個能力救濟我們、幫助我們。

有一位女居士從臺灣來美東，她原來是個歌星，在臺灣皈依三寶不久就到新加坡演唱，晚上在旅館裡突然肚子劇痛，她也不知道該去哪家醫院看病，她想到：「前幾天我才在聖嚴師父座下皈依三寶，我就念聖嚴師父吧！聖嚴師父救我……。」結果念了三聲，肚子就不痛了。回到臺灣後，她買了一包日本花菇供養我，十多年前的日本花菇是很貴的。她說：「感謝師父救我，我肚子痛的時候，就是你救我的！」直到現在我還是想不通，不知道我是怎麼救了她！其實，皈依三寶之後，至少有三十六位大善神輪流保護，因為她剛剛皈依，信心還滿堅強，所以善神保護了她，結果她卻把功德記到我的頭上來了。不過我還是勸她，以後肚子痛不要念我，應該要念觀世音菩薩。

問與答

信眾：善神保護是否算是信仰的層次？

師父：善神保護是屬於信仰的層次。但是善神為什麼有這種力量，這就要到修行的層次去了。

四者：斷滅妄想，心無殺害，令諸眾生，入諸鬼國，鬼不能害。

這裡的鬼是指羅剎。羅剎鬼專門吃人，他們住在山林裡、危險的海邊，或者深山的山谷中，凡是有寶藏、有好風水、有富沃土地出產物品的地方，他們就占據那些地方住在那裡。而人也喜歡爭取財富，希望找到出產豐富食物之處，因此人與羅剎鬼是衝突的。

羅剎鬼國都是位在非常好的地方，有的是在海中的島上，不但美麗而且富裕，有許多的珍寶。但是那些地方人們都不敢去，因為船尚未到岸，就已經被鬼用黑風將船吹翻，即使上岸到了鬼國，也會被鬼吃掉。不過這些都是傳說，凡是野蠻未開發的地方，總是比較危險的，能回來的機會不多，所以會認為那些地方都是羅剎所居住的。古代南印度的南邊海上就有這種國家，以現在來講，大概是印尼、斯里蘭卡、馬來西亞，或者新加坡。最初白種人到了美洲新大陸看到土著，便把他們當成鬼來看，而土著也相當殘酷，見到白種人就砍頭，這其實是由於他們也很恐懼，可是最後土著還是被白種人統治了。在現代而言，羅剎鬼國已成傳說中的故事了。

無論如何，只要以慈悲心和安定的心去接觸這些傳說中的鬼國，接觸那些鬼，他們是不會傷害人的。因為觀世音菩薩能夠使眾生斷妄想，沒有瞋恨與傷害眾生的念頭，所以即使到了鬼國，鬼也不能傷害眾生。普通人雖然不能斷妄想，但是真的到了這麼恐怖野蠻之處，遇到了鬼，只要念觀世音菩薩的名號，相信觀世音菩薩的慈悲，就能避免被鬼傷害。

在念觀世音菩薩的聖號時，自然而然雜念、妄想會減少，會產生慈悲心，心中會有一種安定、安全，以及一種倚靠觀世音菩薩的信心。在此情況下，即使鬼要傷害你，但是看你非常鎮靜、安定，似乎有恃無恐，好像背後有種什麼樣的強大力量讓你不害怕，那麼鬼就不敢來干擾你、傷害你了。所以遇到任何的危險在面前出現時，心不要慌亂、不要恐懼，要鎮靜、要安定，該怎麼處理就怎麼處理，然後再念觀世音菩薩的聖號，多半會得到平安。至於是否能夠百分之百不會受到傷害，這也很難講，但是絕對比慌亂、恐懼、沒有信心，要好得多了。

在佛經裡有這麼一個故事，曾經有個一百多人的大貿易商團，要到海外去尋寶，也就是尋找海島上的木材、香料、珍珠、珊瑚等寶。他們從現在的斯里蘭卡出發，當時叫作「獅子國」，結果遇到大風，船隨著風漂流，漂到一個羅剎鬼國居住的島上。男的羅剎兇惡可怕，女的羅剎卻非常美麗，這些商人來到島上，見到一群美女來迎接他們，其實這些羅剎女（又名夜剎女鬼）是來迎接她們的「食物」。其中有一個商人比較聰明，而且知識豐富，他說：「我們遇到鬼了，趕快一起念觀世音菩薩。」這一百多個商人就齊念觀世音菩薩的聖號，結果這些羅剎美女都不見了，商人們趕快回到船上，離開羅剎鬼國，臨走之前還撿了許多寶貝回去。

這是佛經裡的神話，只能把它當作故事來看，然而其精神所在，是說遇到危險、恐怖和災難時，只要念觀世音菩薩的聖號，就會安定、安全，並且得救。

五者：熏聞成聞，六根銷復，同於聲聽，能令眾生，臨當被害，刀段段壞，使其兵戈，猶如割水，亦如吹光，性無搖動。

從此段經文來看，這似乎完全是一個具體的事實，其實要從具體事實的背後，來看其力量與作用，不要就此認定只要念觀世音菩薩，他人拿刀殺你時，那把刀就會斷成一段一段的，或者好像殺的是水一樣，水割過之後又復原了。你吹燈，燈火會滅，但是再怎麼吹光，光仍然還在，是不可能滅的。似乎念了觀世音菩薩，你的生命力變得強大起來，不會被刀劍等兵器所傷害、所殺戮。是否真能做到這樣，在感應傳說中是有的，在現實人生中卻是不容易有的。所以我們要這樣想，這是信仰的力量，並且要體驗出其中的精神是什麼。

這段經文前三句是說觀世音菩薩的功德。「熏聞成聞」是指修觀世音菩薩耳根圓通。「六根銷復」就是六根轉變，不用六根對外，而使六根互用，反聞自性。「同於聲聽」，所以六根全都在聽內在的聲音，那是無聲之聲，就是不動的佛性。因為菩薩有這樣的功德，眾生只要相信，只要念觀世音菩薩的聖號，就能得到以下的利益，這些利益雖然具體，事實上，也是抽象的一種精神形容。

舉例來說，當你遇到兵禍戰亂、遇到強盜用武器傷害你，或者遇到敗德的政府用武力對付你時，如果信觀世音菩薩、念觀世音菩薩，究竟會產生什麼樣的作用呢？

當元朝軍隊打到溫州時，其他的出家人都跑了，只有一位法師名叫無學祖元禪師，仍然住在廟裡沒有走。元朝軍隊來了之後，有一個軍官看到這個和尚不怕死，就拿著寶劍對他說：「所有的和尚都走了，難道你不怕死嗎？」和尚說：「我不是不怕死，該死我就會死，不該死，我想我是不會死的。如果你要殺我，只有讓你殺了。死對我而言，就像寶劍在電光影裡對春風砍了一刀，不過如此而已。」這個軍官聽了和尚這麼說，就覺得他不是一個普通和尚，能對生死看得這麼淡，結果軍官的寶劍雖沒有斷，卻放過了和尚。

另外，有個信眾來皈依時，我對她說：「要常念觀世音菩薩，遇到任何危險都要念觀世音菩薩，菩薩會保佑妳的。」結果她皈依後不到一個星期，家裡來了三個蒙面盜，又是刀、又是槍，把她全家大小都綁了起來，在她家樓上、樓下到處搜遍，她就想到我要她念觀世音菩薩，就大聲念著：「南無觀世音菩薩！……。」她這麼一念，家裡其他人也跟著念，樓上、樓下都在念觀世音菩薩。結果念菩薩的聲音，使得這三個強盜緊張地說：「你們不要念了！」他們雖然帶走一些東西，但損失不大。第二天這位信眾到農禪寺來感謝我，說我救了他們一家人。我對她說：「這是妳的信心，是觀世音菩薩救了你們一家人。」只要念觀世音菩薩，就會有用的。

中日戰爭期間，有個叫褚民誼的居士犯了漢奸罪，當抗戰勝利後，叛國罪是要被槍斃的。在他臨刑前，監刑官問他最後有什麼交代，他說：「我希望打坐一下，我要念觀世音菩薩。」監刑官准他打坐，可是不准念觀世音菩薩，我相信在他的心裡一定不斷地念著觀世音菩薩的聖號。結果他還是被槍斃了，可是普通人一槍就會打死，而他被打了六槍都沒死，還是好好地坐在那邊。那六槍打的都是心臟，後來就朝他的頭部開槍，最後還被踢了一腳才倒下來。最奇妙的是，普通人被槍斃會流很多的血，他挨了六槍，身上只有槍眼，頭上的那一槍也只有一個洞，都沒有流血。家人將他送到殯儀館，正好我去為他念經，親眼看到這個人。被槍斃死亡，本來應該很恐懼、很慌張、很痛苦，但我看他卻是那麼平靜慈祥。這位褚居士信佛信得很虔誠，我們上海的大聖寺就是他發起募建的。雖然他念觀世音菩薩，最後還是死了，但是對他來講，槍斃、死刑這樣的事，就像槍打的是水，吹的是光，至少在心理上沒有恐懼，不覺得這是死亡。所以到了非死不可的時候，念觀世音菩薩還是很有用的，至少能夠不受恐怖死亡的威脅。

六者：聞熏精明，明遍法界，則諸幽暗，性不能全，能令眾生，藥叉羅剎、鳩槃茶鬼，及毘舍遮、富單那等，雖近其旁，目不能視。

「聞熏精明」指的是觀世音菩薩修耳根圓通。「聞熏」是不斷地修耳根圓通；「精明」則是耳根圓通修成，也就是修成了反聞聞自性。自性精明，明遍法界，菩薩的佛性如來藏中所產生的智慧、慈悲、感應力，能夠普遍照顧到一切法界的眾生，或者是十法界的眾生。凡夫是六法界，加上聲聞、緣覺、菩薩、佛等四法界，一共是十法界。因為到了觀世音菩薩這樣的程度，已經能夠現佛身來度眾生，所以是遍照六凡法界及四聖法界。當然，對於一切無明煩惱的眾生，由於菩薩的照顧，那些無明的煩惱就會漸漸地輕了，乃至不存在了。有了這樣的功德，那些惡鬼、壞鬼等邪惡精靈，都不能靠近眾生，甚至也不能看到近旁的眾生。所以，只要念觀世音菩薩的名號，諸惡鬼不僅僅是不能害你，即使就靠在你的身邊，連看都看不到你了。

這些鬼靈我們都沒有看過，現在來介紹一下：

（一）藥叉羅剎：雖然藥叉與羅剎的名稱不同，其實是同一類的鬼，藥叉又名夜叉。這些惡鬼有三類，福報差的只能在地上走；福報好一點的能在空中飛行；福報更好的能夠到四王天以上，甚至到忉利天跟天人搗蛋。他們都是會吃人的，後來有一部分惡鬼聽到佛法之後，也皈依三寶，成了護法神。

（二）鳩槃荼鬼：又稱「夜寐鬼」。好像很多中國人都有這樣的經驗：夜裡睡覺時，似乎有鬼靈壓在身上，西方人聽說也有這種信仰和經驗。

（三）毘舍遮：是一種精氣鬼，這種鬼很喜歡聞食物的香味，如果晚上吃了食物沒有漱口，夜裡頭毘舍遮就會在人的嘴巴旁聞人的精氣。曾有一個出家人很喜歡吃大蒜，有一天他忘了漱口，晚上睡覺時，總覺得有一隻貓在舔他的嘴，睜開眼睛又看不到什麼，第二天就告訴他的師父，師父說：「你是不是又偷吃大蒜？吃了大蒜又不漱口，鬼很喜歡你這種味道，會來舔你的嘴，把你身上的精氣都舔走了。以後不准再吃大蒜了！」

（四）富單那：又稱熱病鬼，這種鬼如果進了你的身體，你就會發熱，有點像感染傷寒。

以上這些鬼都喜歡黑暗，畏懼光明，而觀世音菩薩是用慈悲和智慧的光明來照顧眾生，因為這些鬼既無智慧，也無慈悲，所以人只要聽到觀世音菩薩的名號，就等於有了光明，這些鬼不要說是害他，就連看都看不到他。

我們對觀世音菩薩一定要有信心，如果也能學習、效法著觀世音菩薩的修行，或者僅僅是念觀世音菩薩的聖號，當遇到災難時，與不信觀世音菩薩的人遇到災難，在心理上的承受程度是不一樣的。不論是西方宗教或東方宗教，都曾發生過宗教迫害這樣的事件：信心非常堅強的人，雖然同樣會遇到災難，可是當他們死亡的時候，不會那麼恐懼，而是非常地安詳。

釋迦牟尼佛有一位弟子目犍連，他被一群暴力的宗教徒用鹿角杖打死，鹿角非常銳利，使得目犍連的身體像棉花絮一樣，一塊塊散掉了。但是目犍連還是用他的神通，把這個散掉的身體重新蒐集起來，回去見釋迦牟尼佛。目犍連的身體照樣是有神經的，被銳利的鹿角打的時候也會很痛，可是他的內心不恐懼、不怨恨，也不會覺得很苦。有人問他痛不痛？他說就像木頭被撕得一塊一塊而已，對他而言，身體是在受難，可是他本人並沒有因挨打而感到痛苦。因此，這要從兩個層面來看待：念觀世音菩薩的確能夠消災免難，災難不會降臨；即使災難臨到，因為對觀世音菩薩有信心，同時又在修行，就等於沒有遇到災難。

在臺灣時，有一次我去看一位針灸師，請他替我針灸。那不是普通的細針，而是一種粗針。針完之後，針灸師問我：「法師，你有沒有神經？難道你不痛嗎？剛才有一個人還沒有針得像你那麼多，可是他叫得像殺豬一樣！」我說：「誰都會怕痛，可是痛就痛了，既然要針，我就準備著讓它痛，叫痛是沒有用的！」因為我在念觀世音菩薩，所以同樣是痛，有的人痛得很厲害、很恐怖，有的人雖然曉得是痛，但是沒有那麼恐怖。

七者：音性圓銷，觀聽返入，離諸塵妄，能令眾生，禁繫枷鎖，所不能著。

「音性圓銷」的意思是觀世音菩薩聽聲音不是向外聽，而是向內聽，聽聲音的自性，聲音的自性就是空性、佛性。所謂「空性」，指的是通達一切時間和一切空間，只要能體驗到自性是空，就是消滅了一切的障礙。

「觀聽返入」，因為是反聞，而不是向外聽任何的聲音。向外聽的是一聲、一聲的聲音，非常有限；「返入」是向內聽空性，則是無限的。向外聽是有障礙的，即使是已得大神通的人，能夠聽到無量無數恆河沙的聲音，是不是就能夠完全聽完，能夠聽到十方一切的聲音？這是聽不完的，因為它還是有數量，所謂「無數」，只是數不出來而已。唯有聽空性、聽自性，不需要去數，不需要面對任何物質的障礙，才是成為了無障礙。

「離諸塵妄」，由於沒有任何障礙，也就沒有任何對象，一切虛妄的外境全都離開了。

因此，只要念觀世音菩薩，菩薩就能夠使眾生得到這樣的利益，即使無緣無故被強盜、土匪、冤獄，用手鍊、腳銬鎖起來時，都無法鎖得住。

三年前，臺灣有個生意人突然來看我，說：「師父，我的官司打敗了，現在我準備坐牢，刑期是三年六個月，請師父幫我一個忙，能不能讓我不坐牢？」我說：「我又不是法官，怎麼幫你呢？你的官司打輸了，那你究竟有沒有犯法？做了壞事，就應該去坐牢！」他說：「我只是替人做擔保，結果當事人逃跑了，所以我這個擔保人就得坐牢了。請師父幫我一個忙吧！」我跟他說：「我也幫不了你！你就念二十萬遍觀世音菩薩，進牢之後，還要繼續不斷地念，也許你能早一點出獄。」後來他進牢服刑，在牢裡不斷地念觀世音菩薩，兩年多後就被釋放了。出獄之後他來見我，說：「感謝師父，觀世音菩薩真靈！剛進牢時，我感到非常痛苦，我天天念觀世音菩薩，念到後來我的心很平靜，也沒想到時間，結果兩年多就把我放出來了！」

另外有一個例子：臺灣有位文藝界的名人，遭人打官司控告，輸了之後坐牢坐得非常痛苦。他一出獄，就到農禪寺來皈依三寶，並要求見我，他一邊流著眼淚一邊感謝我，其實我並不認識這位名人。原來是由於他在牢裡服刑時，有人把我的書送給他，其中有一本《觀世音菩薩》的小冊子，從此之後，他就天天念觀世音菩薩，後來又看了許多我的著作，心情才慢慢地平靜下來，所以還能活著出獄，否則大概會被氣死。因為過去他對這位告他的人非常好，結果被倒打一耙，恩將仇報。觀世音菩薩是很靈驗的，雖然他並沒有因為念觀世音菩薩而提早離開監牢，但是他的心裡不再那麼怨恨、痛苦和不平了。所以我們念觀世音菩薩時，要有恆心地一直念下去。

還有一位小提琴家，他曾經在臺灣當過藝術學院的院長，當他知道自己害了癌症之後，就一直念觀世音菩薩，結果他死的時候非常平靜、安詳。因此，請不要誤會，以為念觀世音菩薩就不會進牢、不會有災難，不過可以幫助人減少一些痛苦。

八者：滅音圓聞，遍生慈力，能令眾生，經過險路，賊不能劫。

「滅音圓聞」的意思是，如果還有聲音可聽，是向外聽的，但是外在的聲音對觀世音菩薩來講是不存在的，菩薩是向內聞，聞自性本空。我們不斷地講自性，自性是一切諸法、一切現象的本性，如來藏性，就是空性。也就是說，自性是人的、菩薩的、佛的、一切眾生的，以及一切現象的同一性，就是空性。唯有滅去一切音聲，才能向內圓聞圓聽本具的自性，就不再分別聽到各種各樣特殊的聲音，而是聽空的自性。此時，慈悲的力量自然會產生，而且是對一切眾生都能夠產生慈悲心。

普通的人耳朵在聽聲音時，不管聽的是大的、小的、遠的、近的，能夠同時聽幾種聲音已經不簡單了。例如一個先生，如果聽太太講話，又聽小孩講話，這個先生能夠聽得很清楚嗎？如果再增加兩個人，他的哥哥、弟弟一起講話，四個人的話能完全聽得清楚嗎？以此類推，八個人或者更多的人一起講話，這是不可能聽得清楚的，因為當有兩個對象的選擇，就聽不清楚了。而觀世音菩薩是沒有對象的，沒有要聽外在的聲音，是聽一切眾生的自性，反而能夠將一切眾生同時的心聲完全接受。〈普門品〉說，菩薩什麼聲音都能聽到，因為聽的是無聲之聲、自性聲；由於沒有特定的對象，所以一切的對象都能普遍聽到。

對凡夫來講，不容易理解這樣的功能，我也只是介紹觀世音菩薩就有這樣大的能力，要不然他為什麼能「遍生慈力」，對一切眾生普遍地有慈悲加護的功能呢？請問，當我們用心來念觀世音菩薩，因為念得太辛苦了，便改用機器來念，多買幾台念佛機，每個念佛機多裝幾個喇叭，變成很多的喇叭都在念，念了之後讓觀世音菩薩感應，這樣能感應得到嗎？事實上，觀世音菩薩不是聽喇叭的聲音，而是聽眾生的心聲。現在香港、臺灣、大陸、華僑界都有一種念佛機，只要裝上電池，就能二十四小時都在不停地念。我也曾經送這種念佛機給信眾，因為有的人年紀大了，沒有辦法出聲念，所以我送的目的是要提醒他們，既然沒有辦法口念，心跟著聽、跟著念，也是有用的。

有一個孝子的父親已經過世，我教這位孝子念佛，他說：「師父送給我父親的念佛機還在，我忙得很，所以我讓那個念佛機整天都是開著的。」這樣的念佛有用嗎？從《楞嚴經》裡了解到，心是很重要的，如果僅用念佛機念佛，有心在裡頭嗎？

「經過險路，賊不能劫」是說，觀世音菩薩能夠使眾生在經過危險的道路時，強盜、土匪都不能搶劫他們，這可能做得到嗎？曾有這麼一個故事：有兩個人一前一後走在同樣的路上，前面的人遭到土匪、強盜的搶劫，後面的人卻沒事。原因是第一個人聽說那裡很危險，在經過險路時，不停地摸摸這裡、又摸摸那裡，隨時隨地都在摸著自己的身體，擔心他的錢和他的刀是否還在身上。強盜看了之後，心想這個人身上一定帶了很多東西，最後他不但被搶，連衣服都被剝光了；第二個人則是一直在念觀世音菩薩，他已經忘掉了那是個危險的地方，也沒想到會有強盜、土匪。這些強盜、土匪看到這個人一直在念觀世音菩薩，就覺得他很可憐，大概也不會有什麼值錢的東西，因為他不停在向觀世音菩薩求救，結果他反而很安全地通過那裡。

後來強盜還追上去，問他為什麼念觀世音菩薩？他說：「別人叫我念觀世音菩薩，說念了之後會有感應。」強盜問：「什麼感應啊？」他說：「菩薩保佑我不會遇見強盜。」強盜又問：「你知道我就是強盜嗎？」他說：「阿彌陀佛！你不要開玩笑了，像你這麼好的人怎麼會做強盜？我是因為做生意失敗，身上的錢已經很少了，這次回去還不知道怎麼過日子呢！如果再被強盜搶劫，那我就死定了！」這個強盜心想：「我做了一輩子的壞事，竟然還有人把我當成好人，那就做一次好事吧！」於是把剛才搶來的錢送給了他。不要以為強盜都是壞人，有時候強盜也是個好人，所以只要念觀世音菩薩，就會有用。

在臺灣，有位太太總是被她的先生虐待，而且先生在外的行為也很糟糕，喝酒、賭博、玩女人樣樣都來。這位太太來問我有沒有什麼辦法，可以讓她的先生轉變。我說：「我不會畫符，也不會作法，妳就念觀世音菩薩吧，還要持四十萬遍的〈準提咒〉。」她很有耐心，念了好幾個月後，她跟我講：「師父，我還沒有念完就已經有用了。雖然他還是照樣喝酒、賭博、玩女人，不過我的心卻平靜多了。過去我實在不想再做他的太太，總是吵著要跟他離婚，可是現在我不管他，他做他的鬼，我做我的人。」這個故事直到現在還繼續著，但是這位太太不再向我抱怨，也不再講什麼了。後來我問她的女兒：「妳有沒有幫忙媽媽一起念觀世音菩薩？妳的父親有沒有好一點了？」女兒說：「我也有念觀世音菩薩。我爸爸現在不錯了，已經漸漸地改變了許多。」

以上的例子談的都是感應，但是感應裡面必定有其原因及道理。觀世音菩薩成就耳根圓通後，究竟有多少眾生得到利益？在十方世界的眾生之中，應有恆河沙數眾生蒙其救度，但觀世音菩薩救眾生是感應道交，要雙方面的，一方面菩薩有這種功德與能力，有這個願心要度眾生；另一方面，是不是有眾生願意祈求他的幫忙，渴望他來救度，必須要眾生與菩薩相應，才能成為能救與被救的事實。

有的人希望被救，念觀世音菩薩，但是要坐牢的還是坐牢、要槍斃的仍然槍斃、遇到災難的還是遇到災難，不過，同樣是遇到災難，如果對觀世音菩薩有信念，持續念觀世音菩薩的名號，雖然災難同樣發生，可是在接受災難的同時，心情與感受是絕對不一樣的。

九者：熏聞離塵，色所不劫，能令一切多淫眾生，遠離貪欲。

「熏聞離塵」，觀世音菩薩修耳根圓通法門時，內有根，外有塵，但菩薩不用自己耳朵的耳根，因此沒有聲塵可以聽得到，是無根之根，無聲之聲，只有熏與聞的關係，但是沒有熏與聞的對象。熏和聞是兩個動詞，一個是被熏，一個是自己去聞；被熏是有塵來熏它，聞則是用耳根去聽，而耳根又被這個聲塵所熏，熏與聞是相對的。「離塵」是耳根離開聲塵，凡夫都是用耳朵聽聲塵，凡是用耳朵聽得到聲塵，就聽不到那離塵之聲的自性，所聽到的都是聲塵的外相。外界任何一樣物質都是塵，講話的聲音是塵、耳朵聽的聲音是塵，而「離塵」則是不聽有聲的聲塵。

「色所不劫」的色是色塵，不是顏色的色，也不是女色、男色的色，而是有質礙、有現象的任何東西。「劫」是劫奪動搖，當不受這些物質現象動搖困擾時，就稱為「色所不劫」。

「多淫」有兩層意思：一是過度的貪欲，不包括男女的關係在內，只是貪念過多，欲望太強；二是過多的男女關係。清淨的梵行和多淫是相對的，離淫欲就能夠出欲界而進入色界的淨居天。貪欲多的人和淫欲多的人，這兩種人永遠無法修清淨的梵行。只要修梵行，就能離開這兩種問題，至少不會在欲界的層次來來去去，受苦、受樂。《法華經》中〈普門品〉也是這樣講的，多淫眾生若能念觀世音菩薩，就能夠離欲。

曾經有一位未婚的年輕人，他的性欲很強，再怎麼念觀世音菩薩，生理上還是會有性欲的衝動，他跟我說：「念觀世音菩薩沒有用。」我說：「念觀世音菩薩是有用的。當一個欲念出現時，馬上就用慚愧心拜佛，就等於是在烈火上澆了一桶冷水，性衝動自然消失。如果你先出家修梵行，出家之後，至少一想到性欲的問題時，就要告訴自己已經是受了出家戒的修行人，然後要用修行的方法來化解。」

因此，遠離貪欲是需要修梵行，修一天也好，修半天也好，一個月、一個月地修也可以。在家居士有八關戒齋，有的人在六齋日修八關戒齋，有的人是在一個星期或兩個星期之中，天天持八關戒齋，也有的人到寺院一住幾個月，這都是短期的修梵行。所謂梵行，就是生活方式的一種改變之後，心理和生理的習性，也會隨之改變，主要是沒有男女關係，少欲清淨，真正的梵行應該是禁欲的。

在釋迦牟尼佛的時代，有一個愚癡的比丘，出家之後，性的反應還是滿強的。他非常苦惱，於是拿刀將自己的生殖器割掉了。佛知道後，就把他找來教訓了一頓：「真是愚癡，該斷的不斷，不該斷的卻把它斷掉了！」這也就是說，修梵行還是要從心裡的念頭轉變起，心念時時要跟反省相應，不受淫念所動，淫念一動，馬上提起反省的慚愧念頭，如果提不起來，就常念觀世音菩薩，勤拜觀世音菩薩。觀世音菩薩是梵行清淨的，要相信菩薩的力量，有了這種信心，再加上常念、常拜觀世音菩薩的聖號，這種貪欲的心便會愈來愈少。

除了男女的性欲之外，對於物質的貪戀、追求、渴望，永遠不能滿足，也是非常痛苦的事。能夠得到，不一定是好事；得到之後該如何處理，也是個問題；得到後還想追求多一些，那也很痛苦。因此，多欲恰恰與佛法所講的少欲相反。少欲離煩惱，多欲就增加煩惱了。

十者：純音無塵，根境圓融，無對所對，能令一切忿恨眾生，離諸瞋恚。

前面三句是說觀世音菩薩修證的功德，以及修證後的功能。

「純音無塵」，觀世音菩薩用耳朵聽純粹的音，也就是最究竟的音，是自性之音，那種音與物質無關，是無音之音，無聲之聲。

「根境圓融」，與耳根相對之境界是聲塵，是外界的聲音。觀世音菩薩內在的耳根和外在環境裡的聲塵互相連在一起，稱為不二的圓融。事實上，耳根和所有的聲音就是同一個東西，不僅僅是同一個東西，是自性，這其中根本就沒有東西。

「無對所對」，用耳根聽及被耳根聽是相對的，但是以觀世音菩薩修行的程度，「內」和「外」這種主觀與客觀的對立現象，根本不存在。

這對一般凡夫而言，是不容易理解的，因為都是用耳朵在聽，怎麼可能說自己沒有聽，也沒有聽到什麼。但是不能懷疑觀世音菩薩有這樣的功德與功力，所以能夠使有瞋恨心的眾生，離開瞋恨心，轉為慈悲心。人們對觀世音菩薩有一句很好的形容與讚歎——「大慈大悲觀世音菩薩」，因此，觀世音菩薩的一種咒語叫作〈大悲咒〉，就是以大悲心使眾生離開貪欲、憤恨和愚癡，這都是因為觀世音菩薩的大慈大悲。

有人可能會問，觀世音菩薩既然自己主觀和外在客觀的相對界限已經打破，也就是超越了相對和絕對，那還要慈悲什麼呢？慈悲是否還有對象？是否也有相對的、主觀的、客觀的條件呢？我曾當大眾的場合問過這個問題，有一個人回答我說：「我才不管呢，只要觀世音菩薩能慈悲我，沒有人恨我，管它什麼主觀、客觀！」對觀世音菩薩有信心，能接受這樣的說法是很好的，但是在道理上講得通嗎？

「慈悲」和「大慈悲」是不一樣的。佛法講的慈悲有三個層次：1.有眾生做為自己慈悲的對象，這是有主觀的自己，也有被愛與被慈悲的對象，這叫作「生緣慈悲」；2.不計較眾生是誰，心中只有慈悲的這種心懷，而做這種慈悲的工作，不會執著是對誰慈悲，這叫作「法緣慈悲」；3.自然而然對一切眾生做慈悲救濟的工作，心中不會想到有對象，也沒有想到是做了慈悲的工作，這叫作「無緣大慈悲」。觀世音菩薩的慈悲，就是最高層次的「大慈悲」。觀世音是具大慈悲的大菩薩，當眾生有了瞋恨心、憤怒心，使得心中非常痛苦，該怎麼辦？就念觀世音菩薩，而且要念「大悲觀世音菩薩！……」，一直念到自己的心中也生起慈悲心、柔軟心，瞋恨的煩惱就會愈來愈弱。至於念多少句或者念多少時間才能有感應？這是因人而異的，視情況不同而有差別。

十一者：銷塵旋明，法界身心，猶如琉璃，朗徹無礙，能令一切，昏鈍性障，諸阿顛迦，永離癡暗。

觀世音菩薩因為將一切的外塵境界消融了，轉變為光明與智慧了，使自己的身心充滿於十法界，所以使得十法界所有眾生的身與心，就像透明的琉璃一樣，朗徹而無障礙。我們不要想像著琉璃就像玻璃，其實經中的「琉璃」是形容詞，它是沒有質量的，是透明而無阻礙的，這是觀世音菩薩的功德。這即是說，觀世音菩薩的智慧是非常清淨與光明，而且無遠弗屆，沒有到不了的地方，也沒有任何東西可以遮隔、阻礙住的。因此，有些愚昧的眾生不知道自己愚癡，做的事、說的話對自己有害，對他人無益，無論怎麼樣感化他們、為他們說佛法，都不能接受，但是觀世音菩薩就能夠使得此類眾生，轉變成有智慧的人。

「阿顛迦」是梵文，指的是沒有善根或沒有善心的人，因為根器不夠，自己還不知道自己是個愚癡的人，不知道自己是個笨人，要跟他人比一比後，才覺得自己沒有慈悲心。所以這樣的人要念觀世音菩薩，念了觀世音菩薩，自然就會有智慧與慈悲了。

> 十二者：融形復聞，不動道場，涉入世間；不壞世界，能遍十方，供養微塵諸佛如來；各各佛邊，為法王子。能令法界，無子眾生，欲求男者，誕生福德智慧之男。

觀世音菩薩不僅僅是六根互用，甚至六塵、六識、四大、五蘊都能互融互通，都能反聞自性，就像用他的耳根一樣方便。此處的「耳根圓通」是通眼、耳、鼻、舌、身、意的六根，例如用身體，就同用耳朵一般地靈敏、方便，聽聞無礙。不僅六根互通，而且是互融，同聞自性。

觀世音菩薩的功德報身雖然是在極樂世界阿彌陀佛國土，然而他不需要移動，就能夠使一切世間的眾生都好像和他在一起，所以說是「不動道場，涉入世間」。也就是說，他能夠將眾生世界變成他的世界，把他自己的世界融入眾生世界之中，雖然如此，眾生世界與他的世界還不會被破壞，這就非常神妙了。不僅僅如此，觀世音菩薩還把他的世界當成船或火箭一樣，開到十方世界所有的眾生世界裡去，這是菩薩的神通變化。

然而請不要擔心，觀世音菩薩用的是智慧、慈悲與感應力，並不是將他的世界當成火箭似地飛來飛去，而是自然而然的。所以，菩薩的世界不動，眾生的世界也不動，可是在眾生的世界裡，處處都可以看到觀世音菩薩，因為菩薩的身體、佛的身體，或者在佛國淨土的身體，不是像人的身體那樣，由四大、五蘊的肉身所組成，而是由悲願心和智慧心所產生的應化身，這也叫作「智生身」。凡夫則是由肉體、精神、心理，而組成為一個生命的現象。

因此，菩薩的身體既不占空間位置，也不占時間段落，對菩薩來說，是沒有時間與空間的，也就是說，十方世界雖然有無量無數的世界，對菩薩而言，是沒有距離的，沒有間隔的。時間在過去、現在、未來，即使千千萬萬年，由於他沒有我們這個肉體的生命，也就沒有了無常的問題。無常是因為有物質的身體形相，如果只有智慧與慈悲的身體，無常便與他無關了；空間對他也無約束，說大可以大到無窮大，說小也可以小到根本不占一絲空間的位置。

觀世音菩薩的報身、法身沒有物質體，可是為了供養諸佛如來，為了廣度眾生，菩薩就顯示了物質的身體，因為眾生看不到他的智慧身。這個身體是他如幻金剛三昧幻現的化身、應身，而不是他根本的報身、法身。由於這是他幻現的變化身，所以生死多少次對他是毫無影響的，他只是由於眾生的需要而顯現，他自己是沒有生死的。譬如西藏人說達賴喇嘛是觀世音菩薩的化身，有人就問：「觀世音菩薩不是在西方極樂世界嗎？他到地球來，那就不在西方極樂世界了，那麼念觀世音菩薩不是沒有用了嗎？」就算達賴喇嘛真的是觀世音菩薩，那也是化身，因為觀世音菩薩的道場是不動的，可是他能到所有十方世界化現種種的身分。

觀世音菩薩是遍於一切十方世界，首先，他供養微塵數佛國淨土的如來，然後在每一位如來座下，都成為繼承如來位的一位大菩薩。他可以一邊供養，一邊又變成無數如來的繼承人，也就是法王子，是補如來位的下一尊佛，同時又能夠到一切世界度一切眾生。以上都是同時進行的，這真是不可思議！其實，觀世音菩薩修持的耳根圓通，是六根、六塵、六識、四大、五蘊全部都能互通互融，所以他不受時間與空間的限制，因此十方世界一切眾生都可以念他，他都會有感應。而十方一切眾生國土的如來身邊也都有觀世音菩薩，原因就在於他是遍法界、等虛空，沒有一定的物質身體，他的身體是由智慧所產生的功能「智生身」。

請問，觀世音菩薩既是十方的所有世界、所有空間，他的身體都遍在恆在，如果念觀世音菩薩時，他並未出現，卻來了一個乞丐、一條狗，或者一條蛇，結果將困難解決了，好比別人本來是要追殺你的，由於毒蛇的出現，把敵人給嚇跑了，那麼那一條毒蛇是不是觀世音菩薩變現的？曾經有這麼一個例子，是發生在臺灣：有個女孩在夜裡坐了輛計程車，結果計程車司機卻開上高速公路，駛往偏僻之處，這個女孩嚇得一直念觀世音菩薩，正好前面有輛警察巡邏車，本來計程車已經開過去了，忽然警察轉過頭追計程車要臨檢，這個女孩就因此而得脫身。她說：「這個警察真是觀世音菩薩！」其實，警察是普通的警察，蛇也是普通的蛇，不過由於在危難時念菩薩名號，菩薩的慈悲願力就在此情況下，借用當時、當地的人、物，或者任何一種現象，產生讓眾生得到救濟的力量。

由於觀世音菩薩可以借用所有任何現象或任何人的身體，顯現而發揮出他的慈悲力量，因此，假如有人希望生個男孩，就念觀世音菩薩吧！有一位信眾，他們夫婦一連生了四個女孩，先生很不服氣，希望生一個男孩。我告訴他：「要念觀世音菩薩。如果你討厭女孩，生第五個還是女的。你可以歡迎男孩來，但不要討厭女孩！」結果第五個真的是個男孩，他高興地說：「真是觀音送子，是觀世音菩薩送給我這個兒子！」於是我就告訴他一個故事：「中國前清最後一位狀元，名叫張季直，到了五十多歲還沒有兒子。他去求觀世音菩薩，如果能生個兒子，就修建觀音廟。他在菩薩前求了之後不久，果然觀世音菩薩讓他生了個兒子，他修建的狼山觀音岩，現在還在那裡。」

十三者：六根圓通，明照無二，含十方界，立大圓鏡，空如來藏，承順十方，微塵如來，祕密法門，受領無失，能令法界無子眾生，欲求女者，誕生端正，福德柔順，眾人愛敬，有相之女。

觀世音菩薩是不會重男輕女的，前面一項是求生男孩，現在則是求生女孩。「立大圓鏡」是不用六根，但是有六根的功能，互相彼此通融。到了這種程度，雖不占空間與時間，卻能夠遍在十方世界就如同一面無限大的圓鏡。這面鏡子不是平面的，而是無形的、是無相的，又是十方周圓的，有其無限的明察鑑照功能。大圓鏡即是智生身，也就是大智慧力。

每個眾生都能成佛，而佛的名字便是如來，所以在每個眾生的心中，都藏著如來，藏著如來的本性，而如來藏就是眾生的心。「不空如來藏」是尚有自我執著，因此智慧不起，只見煩惱；「空如來藏」則是不再起煩惱，沒有自我執著，只有如來的智慧現前。而觀世音菩薩已經實證空如來藏，對十方世界一切如來的所有法門全部都能吸收到、領受到。因此，如果沒有孩子的眾生，希望求得女兒，就請念觀世音菩薩，一定會生一個漂亮而受人尊敬的有相之女。

我的長相，不像是有福有慧的人，年少時，與人相處接觸時，不能使人覺得莊嚴，所以也不能引人立刻尊敬與恭敬。後來我想通了，大概是過去世少結人緣，慈悲心不夠，心念一轉，儘管人家看不起我，我不怨恨，而應多結善緣，漸漸地大家也覺得我這個法師還不錯，對我恭敬起來了。所以要學觀世音菩薩的慈悲，多結善緣，就會受到人的尊敬。這是我的一個經驗之談。

十四者：此三千大千世界，百億日月，現住世間。諸法王子，有六十二恆河沙數，修法垂範，教化眾生，隨順眾生，方便智慧，各各不同。由我所得，圓通本根，發妙耳門，然後身心，微妙含容，周遍法界，能令眾生，持我名號，與彼共持六十二恆河沙諸法王子，二人福德，正等無異。世尊！我一名號，與彼眾多名號無異；由我修習，得真圓通。

先談釋迦牟尼佛的世界觀。佛告訴我們十方世界有無量無數的三千大千世界，每一尊佛所教化的佛國淨土，就叫作一個三千大千世界。釋迦牟尼佛的淨土是一個三千大千世界，名為「娑婆國土」，又稱「娑婆世界」。我們所居住的這個三千大千世界，有一百億個太陽系，一個太陽系叫作一個小世界，也就是有一百億個小世界，而一個恆星是一個太陽，有許多的行星圍繞著每一個恆星。

佛經裡講，一座須彌山也叫作「蘇迷盧山」，是一個小世界。須彌山的周圍有恆星和行星圍繞著它，而一個日月的範圍即是一個太陽系的範圍，這個太陽系是圍繞著一座須彌山在運作。一座須彌山是一個小世界，這個小世界有東、南、西、北四個方位，而南方位的那個世界，就是我們的地球。這四個方位的世界都有人、有眾生，只有南方位又稱「南贍部洲」的地球才有佛法，其他三個方位的世界裡都沒有佛法。此為當時印度的傳說，所以佛教的經典也用這種說法，我們可信、可不信，因為若從現代的天文學來看，無法證明須彌山究竟是在哪裡？

釋迦牟尼佛所教化的這個三千大千世界，有相當大的範圍。我們所見到的釋迦牟尼佛，是佛的化身，不是佛的法身，因為有一百億座須彌山，每座須彌山都有一個南贍部洲，而每個南贍部洲也都有一位釋迦牟尼佛，佛在我們這個小世界出現，在其他的小世界同樣也會出現。在我們這個世界稱為「釋迦牟尼佛」，由於不知道其他地方佛的名號，我們就稱為「毘盧遮那佛」，他是法身佛。毘盧遮那佛在一百億個須彌山的南瞻部洲都有一個化身，我們也可以稱這一百億個化身佛為「千百億化身釋迦牟尼佛」。

在釋迦牟尼佛所教化的百億日月世界裡，有六十二恆河沙數的大菩薩，這些大菩薩與觀世音菩薩、文殊菩薩、普賢菩薩持相等的地位，所以稱為「法王子」。法王子是最後身一生補佛位的菩薩，從此身之後立即成佛。恆河是印度最長、最寬的一條河流，恆河的沙就像麵粉一樣細，如果每一粒沙等於一位菩薩，有六十二恆河沙數量的菩薩，那實在是太多、太多的菩薩了。但是我們用不著真的去數恆河沙究竟有多少？這是印度人說到相當多的數量時，就會用恆河沙來做比喻，就是很多很多，多到數不清的意思。「六十二」是印度人對數字的一種信仰觀念，佛經中也有六十二種外道，印度人很喜歡用這個數字。

從信仰上來說，我們一定要相信有無量的大菩薩，都在用不同的身分、在不同的地方教化眾生。他們可能是在人類之中，也可能是在天上，或者是其他的眾生族類裡。前面提到觀世音菩薩有三十二種應化身，這只是一個代表性的數字，事實上應該是有千百億的菩薩，每一位菩薩都有千百億化身。因為像觀世音菩薩這樣的大菩薩，就能夠顯現佛身來說法度眾生，那麼他就像佛一樣，也能夠現千百億化身來度眾生。

每一位菩薩度眾生的方便不同，願力不一樣，因此所度眾生的範圍也不相同，但是只有觀世音菩薩因為修耳根而得圓通。在經文中，觀世音菩薩說道：「然後身心，微妙含容，周遍法界。」法界是十方法界，觀世音菩薩無處不在，因此能夠使所有娑婆世界的一切眾生，持他的名號，就和持誦六十二恆河沙數諸菩薩的名字是相同的，也就是說，不需要持六十二恆河沙那麼多菩薩的名號，只要持觀世音菩薩的名號就可以了。所以，我們形容觀世音菩薩是千手千眼，其實觀世音菩薩是有無量的眼睛、無量的手、無量的耳朵、無量的身體，在無數的地方同時救濟無量的眾生，故稱「微妙含容，周遍法界」。觀世音菩薩與我們娑婆世界的眾生特別有緣，而且是隨時都可得到他的救濟。

我很幸運，從小就念觀世音菩薩，直到現在我都在勸人念觀世音菩薩。每次有人問我要怎麼修行，我就說：「最簡單的，就是念觀世音菩薩。不過，如果不相信，念了也沒有用。此外，如果只在有困難、有問題時才念觀世音菩薩，沒有困難和問題就不念了，等到真的有麻煩時再念，平時不燒香，臨時抱佛腳的話，不一定是菩薩不來救，怕的是臨遇危難時，想不起要念觀世音菩薩。」然而無論如何，只要想到要念，還是很有感應的，所以我一直勸大家，時時都要念觀世音菩薩。我有兩本中文小書：《聖嚴法師教觀音法門》、《觀世音菩薩》，講的就是觀世音菩薩的修行法門，以及我是如何修行觀世音菩薩的法門，又得到觀世音菩薩怎麼樣的感應。在我的一生之中，一次又一次得到觀世音菩薩的感應，臺灣的法鼓山，也是念觀世音菩薩的功德而得到的感應，所以諸位一定要相信觀世音菩薩，觀世音菩薩是值得大家常念、恆念、多念的！

三十多年前，我勸一個女孩子念觀世音菩薩，她問我：「觀世音菩薩真的靈嗎？」我說：「對我是靈的。妳問這句話，心存懷疑，對妳可能就不靈了！如果妳能相信，對妳當然也是靈的。」過了兩天她又來見我，說：「師父，念觀世音菩薩不靈，念師父卻很靈！」我很驚奇，我又沒有三頭六臂，怎麼念我會靈呢？她告訴我：「我到某公司去應徵工作，我說我是個佛教徒，是聖嚴師父的弟子，他們就錄取我了！」因為那家公司的老闆，正好是我的皈依弟子，所以什麼話都沒再問就錄用了她。我對她說：「妳弄錯了，因為我念觀世音菩薩，所以我的名字有用，以後還是不要念我的名字，要念觀世音菩薩！」觀世音菩薩是在所有的菩薩之中，感應與靈驗最豐富的，和我們這個娑婆世界的眾生也是最有緣的，所以請大家一定要相信，有事沒事都要念觀世音菩薩，有事念，有用；沒事念，就是培養安心的習慣吧！

另外，還有一個例子：我在一九九一年去了五台山以後，中華佛學研究所的一個學生，也跟著五、六位居士去了五台山。凡是我去過的地方，她也都到了，每到一處就對人這麼說：「我是臺灣中華佛學研究所聖嚴師父的學生。」她用我的名字到處招搖。到了五台山以後，當地的寺院一聽說她是我的學生，就像拿了本護照一樣，甚至比護照還有用。她在五台山有得吃、有得住，還有恭敬供養，甚至要請她留下來教書。她回到臺灣後來見我，說：「師父，你到過的地方我都去了，你的名字很有用，每到一處只要說我是你的學生，就會對我非常客氣。」我說：「妳真厲害！我到五台山，就念文殊菩薩的名字，到任何一座名山，都會念山上所供奉的菩薩名號；到任何一處道場，也都要布施供養，妳只念我的名字，不念菩薩的名號，就能夠得到別人的招待供養，妳知道是什麼原因嗎？」我的名字真的那麼靈嗎？並不是，而是因為我去修布施、供養，做了功德、結了善緣的。

轉過來講，這些例子和念觀世音菩薩有什麼關係？為什麼念觀世音菩薩是這麼的靈驗？因為觀世音菩薩從無量劫以來，結了無數眾生的善緣，無論是正、是邪的眾生，他都結了善緣，而他對每一個眾生，都是平等地救濟、平等地布施、平等地結緣，所以念聖號時，是不是真的有觀世音菩薩來救我們，這是另外一回事，而是任何的神、魔、靈體、精神體聽到你在念觀世音菩薩，他們就會放你一馬，也會伸出友善溫暖的手來拉你一把，這是由於觀世音菩薩結了許多眾生的善緣，所以只要聽到你念觀世音菩薩的名號，許多不同層次的神鬼眾生就會幫助你。我這個普通的和尚，只是結了一點點小緣，我的學生就可以去收功德；如果我在大陸訪問時，到處讓人感到頭痛、麻煩，給人許多困難，我的弟子或學生跟在我後邊再去訪問時，看看會得到什麼樣的接待！

我絕對相信念觀世音菩薩是有用的。有罪惡感的人要念觀世音菩薩、精神不正常的人要念觀世音菩薩、心理不正常的人要念觀世音菩薩、行為不正常的人要念觀世音菩薩，遇到災難時要念觀世音菩薩，災難消失了要念觀世音菩薩，即使平時無事，也都要念觀世音菩薩。

是名十四施無畏力，福備眾生。

觀世音菩薩的十四種利益，一方面屬於信仰，一方面屬於修行，另一方面則屬於理論，三方面都要顧到。若是完全講信仰，就變成迷信；完全講修行，就是盲修瞎練；完全講理論，則是說食數寶，因此，信仰的、修行的、理論的，要三種並重，並不是僅僅強調某一部分。

觀世音菩薩的修行法門，有如上十四種對眾生的布施力量，只要有人相信觀世音菩薩，念觀世音菩薩，就可以得到這十四種觀世音菩薩的無畏力量，度過難關，成就佛道。

第四章　修觀音法門獲四種無作妙德

世尊！我又獲是圓通，修證無上道故，又能善獲四不思議無作妙德。

前面的十四種無畏力，是觀世音菩薩給予眾生幫助的力量，接著是觀世音菩薩自己得到四種不可思議的神通功德。

觀世音菩薩完成了圓滿通達的功德以後，在任何一個時空的點上，都等於是全面的時空；進任何一種法門，等於是進入一切無量的法門。雖然進的門不同，然而進門以後，是門門相同，門門相通，此為「圓通」。

「無上道」是菩薩走的路或者修行所體驗之境界，均稱之為「無上道」。在修行的過程中，無論走的是聲聞乘道、大乘道，或是最高無上的佛道，都是修行因地的法門，均稱為「道」。從果位上講，即是已經到達能證、所證的各種層次。譬如，聲聞乘所體驗到的是聲聞的果位，菩薩是十地的果位，最後則是佛的果位，所證的境界均稱為「菩提道」。「修證無上道」是菩薩的本分，「無上道」指的是最高的，是佛走的路及佛證到的果位；「修」，是修行之路；「證」，是已經到了果位上。修是因，證則是果。

由於觀世音菩薩獲得圓通，並修證了無上道，所以得到四種不可思議的「無作妙德」，這四種功德是無法想像，也沒有辦法說明的，故名「無作妙德」。「無作」和「有作」相對，無作是根本沒有希望要做什麼，又名「無功用」，不是由於信心，更不是由於願心，不是有心去推動，這四種功德自然而然地就會有運作，所以無作亦名「無願」。這必須到了八地以上的大菩薩才能夠有的力量，一般的初發心菩薩，甚至到第八地以前的菩薩，都無法有這種無作的功能。而觀世音菩薩已經是十地滿心的等覺位菩薩，是即將成佛的大菩薩，所以具有這種功德。

在《楞嚴經》裡經常會用這個「妙」字，指的是功能與境界均不可思議，其程度高深到不可推測。向上為高，向下為深，向四邊則是廣與大；高、深、廣、大，沒有辦法去衡量，這就是「妙」。「妙德」的「德」意指「心德」與「功德」，心中有這麼多的妙用功德。這四種不可思議無作妙德的內容是：同體同形的不可思議；異體異形的不可思議；能夠破貪而感得的不可思議；供養諸佛及眾生的不可思議。

一者：由我初獲，妙妙聞心，心精遺聞，見、聞、覺、知，不能分隔，成一圓融，清淨寶覺，故我能現，眾多妙容，能說無邊，祕密神咒。其中或現：一首、三首、五首、七首、九首、十一首，如是乃至一百八首、千首、萬首、八萬四千爍迦羅首。二臂、四臂、六臂、八臂、十臂、十二臂、十四、十六、十八、二十、至二十四，如是乃至一百八臂、千臂、萬臂、八萬四千母陀羅臂。二目、三目、四目、九目，如是乃至一百八目、千目、萬目、八萬四千清淨寶目。或慈、或威、或定、或慧，救護眾生，得大自在。

本經首先敘述觀世音菩薩是怎麼開始修行的，是由一位觀世音古佛的介紹與傳授，而學到一種觀音法門，也就是耳根圓通的法門。這種法門先用耳朵聽聲音，聽到最後進入妙明的自性本心時，就忘掉自我中心的自己，並失去原有的自我執著，實際上，就是開悟。觀世音菩薩由於修了耳根圓通法門，「入流亡所」而開悟之後，獲得了一種心，稱為「妙妙聞心」。「妙妙」，有事妙與理妙，用智慧的功能為「事妙」，用智慧的功能照見五蘊皆空，諸法的空性，此為「理妙」，以事妙配合理妙，稱為「妙妙」，也就是「聞心」。聞心是反聞自心，即佛心，即空性。因為觀世音菩薩是以聞自性而產生悟境，也以聞自性而產生度眾生之功能，在因地修行是用耳朵、耳根，修成之後，則用果德來度眾生，因德與果德相加，即為「聞心」，即是心、佛、眾生，三無差別。聞心不是分別心，它既是理，也是事，理事不二的心對觀世音菩薩而言，稱之為聞心。

「心精遺聞」，「遺聞」是能聞與所聞，也就是能緣與所緣，將能緣的智慧和所緣五蘊的空性都放下，就給它一個名字叫作「心精」，就是真常如來藏心。它是永恆的心、普遍的心、不執著的心，不是凡夫的分別執著心。真常心，不是抽象、不是空洞、也不是形容，它根本就沒有離開現實的生活。因為它是圓融的，見聞覺知全部都有，清清楚楚、明明白白，然而在心中並沒有隔離說這是見、這是聞、這是覺、這是知。對於世間人做了壞事，不是以瞋恨心來看；做了好事，也不是以貪愛心來看，而是自然地應該如何處理就如何處理，應該怎麼幫助就怎麼幫助。瞋與愛，是在差別與分別，可是對觀世音菩薩來講，不會因為外在現象的善惡好壞，而產生向上、向下或歡喜、厭惡的分別心，而是以平等的慈悲心，處理一切眾生的差別現象，這就是「無作妙德」。

無作妙德類似「清淨」的「寶覺」，是一種清淨而可貴的智慧，非常有用、絕對有用，是最高有用的智慧。因為如此，觀世音菩薩能夠顯現許多不可思議的面孔和手眼，而且能說多到無法數的祕密神咒。祕密是誰都不能了解，且其功能不可思議的神咒。

觀世音菩薩現多少相貌，就能說多少神咒。相貌包括頭、手臂、眼睛。這裡說有一個頭、三個頭……，並沒有特定的意思。一個頭可以現四個臂，三個頭可以現六個臂，兩個頭也能現八個臂，單數與雙數並沒有一定的意思，這是文學表達方式的一種型態。也就是說，觀世音菩薩可以是一個頭，也可以是千百萬個頭；可以是一個頭、兩個眼睛、兩隻手臂，也可以是一個頭有許多的手和眼睛。觀世音菩薩並沒有定相，沒有一定的相貌。我們現在所看到的觀世音菩薩，多半是人的相貌——一個頭，兩個眼睛，兩隻手，看起來慈眉善目，覺得他很慈悲，大家才願意接近他。如果觀世音菩薩有數都數不清的頭在人們面前出現，一定會使許多人害怕得不敢親近他了。

我是沒有這麼大的本領，假如我現在不斷地長出頭來、不斷地長出手來，這些頭都不是普通的頭，而是瞋怒相、夜叉相的金剛頭，手上也都拿著原子彈、火箭、槍、炮，以及各種各樣的舊式和現代化武器，請問是否有這樣的需要呢？在現實的人間是沒有這個必要的，但是在內心的精神上，可做如此觀想與信仰。我們必須相信觀世音菩薩有這麼大的神通妙用，而且我們在精神上也需要有這麼大力量的菩薩來護持，保護我們的道心及我們的環境。

有一次，我在莊嚴寺參加大佛暨大殿落成的開光典禮，午齋時與達賴喇嘛和其他幾位長老法師同桌。用餐時，達賴喇嘛問臺灣來的法師說：「臺灣的記者們把我當成是政治人物還是宗教領袖？」有一位法師說：「你是雙重人格！」幸好在旁的小喇嘛沒有為他翻譯，我接著說：「政治記者將你當成政治領袖，宗教與文化記者將你當成宗教領袖，不過，我以一個佛教徒來看你，你是觀世音菩薩。」他聽了很高興，但是他很謙虛地說：「我沒有一千隻手，我只有兩隻手，你看我這隻右手昨天還受了傷！」然後我又補充說：「其實現在同桌的這些法師們，至少也都有三頭六臂。達賴喇嘛您見過無數的人，對於不同程度、不同民族、不同文化背景的人，您就給予不同的應對，但是不會離開佛法的根本原則，這就是千手千眼了。我們這些人，至少也能見到什麼樣的人，就給他什麼樣的佛法，因此而度了一些眾生，所以我想我們也可算是三頭六臂了！」

觀世音菩薩顯現出種種的形相，所表現出來的精神，有時慈悲，有時威武，有時穩定、安詳，有時相當有智慧，這都是為了救護眾生，而得大自在。他自己已經是得大自在，一切都是為了眾生，自在地顯現各種各樣的形相，因此我們又稱他為「觀世自在菩薩」。

這一段經文相當地深，它是一種哲學，也是一種修證與體驗，但是對我們還是有用的。

觀世音菩薩有四種無作妙德，第一種是能夠有無量的頭，可以念無量的咒，顯現無量的手。接下來說明第二種無作妙德：

二者：由我聞思，脫出六塵，如聲度垣，不能為礙，故我妙能現一一形，誦一一咒，其形其咒，能以無畏，施諸眾生。是故十方，微塵國土，皆名我為施無畏者。

由於觀世音菩薩修聞與思這兩種智慧，能夠不受六塵障礙，就像聲音不受矮籬的障礙一樣。垣是像籬笆那樣的矮牆。因為有了這樣的能力，所以能夠對眾生布施無畏，因此其名為「施無畏者」。

前面已經講過聞與思。由聞、思、修而入三摩地，觀世音菩薩修耳根圓通是從聞開始。聞，是用耳根聞，聽了之後用色心去思惟，然後產生修行之功德，這就是聞、思、修三種智慧。聞慧是聽，思慧是思惟，修慧則是實踐。聽到之後用頭腦專注思惟繫念，然後照著去持續實踐，因此而得到耳根圓通，能夠不受六塵所困擾。六根清淨，六塵才不會變成困擾；六根不清淨，還是一樣會受六塵干擾的，也就是說，身心不受外面的環境所誘惑、所障礙，才能脫出六塵。

這裡的比喻是用垣而不是用牆，牆因為被房頂蓋住，牆內與牆外彼此的聲音應該是聽不到的，然而垣是沒有頂的籬笆矮牆，因為沒有遮蓋阻隔，彼此都能見到，也能聽到講話的聲音。意思是說，六根與六塵都是有的，即使六塵環境在眼前出現，可是心不受六塵所障礙、所汙染、所困擾，就像聲音超過矮牆一樣，垣牆是有的，但是它擋不住聲音。

報上曾登載了一篇文章，在美國的亞利桑那州沙漠裡有一座監獄，在那裡的受刑人生活得非常痛苦，進去這樣的監獄之後，多半的人出獄就不敢再犯罪了。可是有一個賣毒又吸毒的人刑滿出獄之後不久，又回到了監獄。別人問他怎麼還敢進來呢？他說：「不是我想進來，我出去沒多久，就有人教我吸毒，我沒有辦法抵抗外面的環境，所以又進來了！」像這樣的人連一塵都無法超脫，他接受環境的影響，被環境所控制，他的心已經沒有辦法幫助他自己，不像觀世音菩薩的心是自在的，能夠不受環境的控制和影響。

「故我妙能現一一形，誦一一咒」，已經六根清淨而從六塵得解脫，能運用自己的六根，指揮環境中的六塵，這是非常地自在、自由。這有兩層意思：從六塵得解脫；能夠自由自在地運用六塵，隨心所欲地使六塵產生變化。看起來似乎是神通，其實這種神通只是心靈的力量，並不一定是環境所產生的變化，由於自己心的力量，使得眾生的心也有所轉變。

在中國唐朝有個觀世音菩薩的故事。一天在某個市鎮裡，來了一位長得非常美麗的少女，她在鎮上落戶，專門以賣魚為生。因為這個少女實在太漂亮了，凡是知道她的男子都希望娶她為妻，她就提出一個條件：「誰想要娶我，必須在一天之中把《心經》背出來。」一天下來，有一百多個人都背出來了。她又提出第二個條件：「我不能嫁給一百多人！誰能在一天之中將《金剛經》背出來，我就嫁給他。」第二天居然有十多人能夠背出《金剛經》。她又說：「我只能嫁一個人，這樣吧！誰能在一天之中把《法華經》背出來，我就嫁給他。」真不簡單，《法華經》有近八萬字，到第三天只剩下一個人會背。而前兩天會背《心經》與《金剛經》的人，雖然沒有娶到她，但已都是見聞佛法了。會背《法華經》的那個人好歡喜，第三天晚上就娶少女回家，然而無常顯現，少女當晚就因肚子痛而去世。後來這個會背《法華經》的人，變成了一個非常虔誠的佛教徒。傳說這個提籃賣魚的少女，就是觀世音菩薩，她顯現少女身，同時不受環境所困擾，也能夠使得環境裡的人因她而改變。

觀世音菩薩在同一時間，能夠在無量的世界度無量的眾生；在同一時間，顯現出無量的身體來布施給眾生無畏的心，使眾生離苦難、離恐怖，這是位行大布施的大菩薩。因此，觀世音菩薩又稱「施無畏者」，布施給眾生無畏的功德。

三者：由我修習，本妙圓通，清淨本根，所遊世界，皆令眾生，捨身珍寶，求我哀愍。

觀世音菩薩修成耳根圓通之後，到微塵數的無量世界、無量國土，都能使眾生產生供養布施心。供養有捨身供養及珍寶供養，其目的是為了求觀世音菩薩能可憐他們、幫助他們。這裡必須要加以解釋，像觀世音菩薩這樣的大菩薩，還會缺少什麼，需要眾生供養嗎？在《法華經》的〈普門品〉裡，有一位無盡意菩薩為了表示對觀世音菩薩的恭敬讚歎，將身上的一串瓔珞供養給觀世音菩薩。對觀世音菩薩而言，這是不需要的，但他還是接受下來，分作兩份，轉一份供養釋迦牟尼佛，另一份則轉供養多寶塔的多寶如來。事實上，釋迦佛與多寶如來也不需要，然而這是眾生為了表達感恩之意，所以將自己珍貴的東西奉獻出來。

捨身是行菩薩道的意思。為了報佛恩、報三寶恩，將自己的身體布施而去度眾生，這只有大菩薩或者已經發了深願的人才能夠做到，否則捨身是否值得捨呢？捨身是不能隨便捨的，可以為了度眾生而捨身，可以為了護持三寶、供養三寶而捨身，但是捨身必須要有智慧。在大陸浙江省的普陀山觀世音菩薩道場，就有一個捨身崖，許多人認為這是觀世音菩薩的道場，只要跳下捨身崖去，就能夠跟著觀世音菩薩了，這是非常愚蠢的事。因為這樣死了，對眾生、對佛法一點用處都沒有，而且還讓人批評佛教徒的愚蠢。現在捨身崖已立了一個石碑，上面寫著「禁止捨身」

四個字。

大菩薩為了求佛、求菩薩，也會捨身，像觀世音菩薩顯現賣魚的少女而捨身。請問，我們出家人算不算是捨身呢？我們的身體是父母所給，但是將它捨給三寶、供養三寶，然後布施給眾生。因此，捨身不一定捨整個生命，也可以捨一小時、捨一天、捨一個月，乃至捨一生，以奉侍三寶、利益眾生。像泰國人出家一個月或三個月，這也算是捨身。你來參加修行或者做義工，這也都可算是用身體來捨身供養。

四者：我得佛心，證於究竟，能以珍寶種種，供養十方如來，傍及法界，六道眾生。求妻得妻，求子得子，求三昧得三昧，求長壽得長壽，如是乃至，求大涅槃得大涅槃。

觀世音菩薩已經證到最高層次的佛心，佛的慈悲心和智慧心，也就是他的慈悲心和智慧心，雖然他尚未成佛，但是其悲智的力量與佛相同。因此，他能夠用種種的珍寶財物，供養十方如來與一切法界的六道眾生。由於觀世音菩薩有智慧與方法的珍寶，可以使眾生求妻得妻，求子得子，求三昧得三昧，求長壽得長壽，乃至於求大涅槃得大涅槃。

《楞嚴經》裡共有二十五位菩薩，每位都是依各自的法門修行而徹底開悟，進入佛法的堂奧。而觀世音菩薩修的耳根圓通法門，得到了十四種布施無畏的力量，同時又得到四種不可思議的無作妙德。那麼觀世音菩薩所證的圓通，究竟是個什麼樣的法門呢？

由於觀世音菩薩在這二十五位菩薩之中，對我們這個娑婆世界的眾生是最有緣、最慈悲、最有恩德，因此將他放在最後介紹。敘述其他二十四位菩薩的經文都很短，只有觀世音菩薩這一章特別長、特別多、也特別豐富。在《楞嚴經》裡舉出觀世音菩薩有三十二種應化身，其實他有千、萬、千億、萬億等不同的身相，顯現出不同的身分。早期的觀世音菩薩，是有鬍子的大丈夫相，到了明朝以後，繪畫中觀世音菩薩變成女相。在西藏，他們都相信達賴喇嘛是觀世音菩薩的化身，而西藏的信仰之中，白度母與綠度母也是觀世音菩薩，所以男觀音與女觀音都在西藏出現。

其實，如果一個人顯現出慈悲的精神與無我的行為，以此對待所有的人，那他就是觀世音菩薩了。也許自己並不知道是觀世音菩薩，然而觀世音菩薩的慈悲救濟，就會從這個人的身上顯現出來。你們有時候也會顯現出觀世音菩薩的精神，可惜一下子又會被魔鬼的精神打跑了。

佛問圓通，我從耳門，圓照三昧，緣心自在，因入流相，得三摩地，成就菩提，斯為第一。世尊！彼佛如來，歎我善得，圓通法門，於大會中，授記我為觀世音號。由我觀聽，十方圓明，故觀音名，遍十方界。

釋迦佛問觀世音菩薩是如何進入圓通法門的？觀世音菩薩說：「我是以耳根為門，進入圓通法門之後，得到一種智慧，稱為圓照三昧。」這種三昧是圓滿的、普遍的觀照與覺照。「圓」有兩種意思：觀照的功能；其範圍是圓滿而普遍的照，因此而得到這種智慧的力量，稱為「圓照三昧」。

由於心已得自在，所以「入流而忘相」，進入了一種智慧之流，就忘掉所有自我中心的執著相，此時就得到了三摩地。三摩地，是止觀同時，雙修、雙滿、雙圓。若僅僅得定，不一定是三摩地，三摩地一定是由修止觀而得定慧；止觀是方法，定慧則是功能和結果。得了三摩地之後，因此成就了大菩提心和大菩提果，此為修耳根圓通之中，最高也是最大的成就。

「圓照三昧」，從梵文講，「三昧」是單指定的功能，可是從《楞嚴經》及大乘經典而言，有解脫慧功能產生的定，才叫作三昧。三昧又稱「三摩地」，與「三摩缽底」不相同；「三摩缽底」是圓照三昧，圓滿的智慧和定的功能，即是佛的定慧不二。

三昧進入的定境，有深有淺，從佛法的角度來看，「解脫三昧」必定是進入無我的、無礙的解脫，這就不一定是梵文裡基本的那個「三昧」。在釋迦牟尼佛的時代，有許多阿羅漢從來沒有學過定，只是聽了佛幾句簡單的開示以後，即得解脫。譬如有位善來比丘到佛的面前，佛只是說了句：「你來得正好，歡迎你出家做比丘。」很神奇地，他馬上鬚髮俱落，袈裟已經披上了身體。這也就是形容說，他一聽到佛法，馬上斷了煩惱。事實上，他已是離欲之人，已證得阿羅漢果，是個慧解脫的人。有的人必定要在聞法、持戒、習定以後，開智慧而得解脫，有的人則不需要打坐習定，就能得到解脫；凡是解脫，都稱為「三昧」。

依此類推，歌唱得出神入化可得歌唱三昧、吃飯可得吃飯三昧、喝茶可得喝茶三昧、走路可得走路三昧、說法可得說法三昧、寫字可得寫字三昧，凡是因為做某件事入定而開智慧，就叫作「三昧」。譬如六祖惠能，砍柴得三昧、舂米也得三昧。現代的人開車、開飛機、打電腦、照相，如果是進入化境，也都可以得三昧。只要自我中心一下子不見，智慧出現，就得三昧。看起來三昧似乎很容易得，這也不見得，問題在於是不是已開智慧，是不是自我中心因此而不見。普通人並不是每種三昧都能得到，可是觀世音菩薩是得耳根圓通，既然是圓通，就得到所有的無量三昧。無量三昧的功能是從得到耳根三昧之後完成，此即為「圓照三昧」。

「緣心自在」，由於心已得自在，任何境界在面前出現時，都是無礙的。無礙有被動的無礙，以及主動的心得自在。所謂被動，就是不受環境、不受任何人、事、物之影響，心始終是在自在的狀態下。自在就是無我，唯有無我，才能夠不受環境影響。只要還有一點點自我中心存在，對環境若有任何好與壞的分別執著，都會讓心產生一種自我的反應，這種反應就是有礙而不是無礙了。

就像鄉下小孩喜歡抓麻雀，把手伸到麻雀窩裡，一抓就能抓到小麻雀和麻雀蛋，但有的時候，裡面是空空的，什麼也沒有；也有的時候，手伸進去，小麻雀以為是老麻雀進來餵牠食物，小孩的手指就被小麻雀咬住了。我舉這個比喻是說，當我們的心有「我」，有個我的主見、有個自我的立場，任何人對我說一句話或做一個動作，心裡馬上就產生一種反應，很可能說一句更難聽的話回給對方聽，就像小麻雀咬住小孩的手指一樣；如果心中沒有任何東西，別人再怎麼講，讚歎或責罵，對自我毫無影響，而且也不會去傷害對方，就像麻雀窩裡什麼也沒有時，小孩就會感到沒趣，也不會想再抓了。

主動的心得自在，許多人把它解釋成神通。有了神通，心裡想什麼就是什麼——想要錢，錢就來；想要吃的，吃的就來；想要房子，房子就來；想要男朋友或女朋友，男朋友或女朋友就來。就像阿拉丁的神燈或魔氈一樣，只要坐在魔氈上，便能到任何地方，想什麼就得到什麼，這是屬於妄想、狂想，而不是心得自在。主動的心得自在，是在做任何活動、遇到任何情況時，遇水就依水的特性來處理水；遇火就依火的特性來處理火；遇到人、事、物的任何情況在自己面前發生，就主動地解決、處理，此為主動的心得自在。因此，不要把心得自在，想成是得到了《天方夜譚》裡的神燈或魔氈一樣。

很多人認為，「心自在」就是得到神通，用手指向石頭一指，就能點石成金，有了黃金就可以買自己想要的東西，你認為這樣合理嗎？沒有賺錢，沒有生產，光向石頭一指，就變成黃金，別人的東西就變成是自己的東西了，豈不違背因果！

佛經告訴我們，普通人用咒術來點石成金，至多維持兩、三天就變回石頭；工夫深的人點石為金，大概可以保持三個月，之後石頭還是石頭，不是黃金；阿羅漢已證得阿羅漢果，以神通力點石為金，可以保持五百年都是黃金；如果佛用手指石頭變成黃金，可以一大劫都還是黃金，這算是真的黃金了。然而釋迦牟尼佛在世時，佛與諸大阿羅漢並沒有以這種方式將石頭變成黃金，他們還是一樣地需要居士們布施和供養。

「因入流相」，還記得前面講過「入流亡所」這個詞嗎？「流」，是「空性」的流，進入實相流和實性流之後，就忘了所有主觀與客觀的對立。「能」與「所」相對，是自我的立場以及與自我相對的立場，超越於客觀與主觀的我，此為進入實相之流。實相就是無相，所以稱「入流亡相」。前面說「聞所聞盡」，聞與所聞都沒有了，就「入流亡所」，入的是實相流，忘去能聞與所聞有相的這種相對立場。進入了實相之流，就能夠得到三摩地，能夠成就菩提，這個菩提是無上菩提，就是成佛的意思。從八地菩薩開始，即能表現出無上菩提的功德，但是尚未成佛。

此時，觀世音菩薩又回答釋迦牟尼佛說：「世尊！那個時候有一尊觀世音古佛，他讚歎我得了圓通法門，因此在說法的大會中為我授記，稱我為『觀世音菩薩』。由於我用耳根的聽覺來觀察十方，而十方世界所有的一切，我都清清楚楚，所以『觀世音』的名號也遍於十方世界。」

「圓通」是圓滿的通達。由於觀世音菩薩的力量所至，無一處、無一事、無一時，處處、事事、時時，乃至每一個人的每一個念頭，都能清清楚楚。是遍於十方世界的一切諸佛、一切眾生的世界，一切眾生的心念、一切眾生的事情，全都知道，此才名為「圓通」。圓通和圓照不太一樣，我們常常聽到「溝通」這個詞，沒有辦法溝通時，就互相協調，無法協調就要妥協，無法妥協只有退讓，實在已無路可退，就是此路不通了。譬如有兩個相愛的人，畫了兩顆心，將它們重疊放在一起，是不是就變成一顆心了呢？這是不可能的。常常聽到說，夫妻同床異夢，似乎是不應該有的事，其實兩個不同的人做夢，當然是做不一樣的夢，若做同樣的夢，反而成了怪事。問題是丈夫與妻子所做的夢是不是互相衝突，如果沒有利害衝突，兩人的夢不一樣，那也沒有什麼關係啊！

人與人衝突的原因，就是自己的心與他人的心沒有一種互通的意願或努力，使得彼此之間有了距離。有距離就會產生懷疑，有懷疑便會起爭執、衝突、矛盾的現象。我們讀經，就是希望學學佛經裡的這些菩薩們，他們是用怎麼樣的一種心態和眾生相處，菩薩與菩薩之間又是用什麼樣的心態來對待。當我帶著我的弟子們去印度與中國大陸朝聖時，每到一處聖地、一座菩薩的道場，以及一間祖師所創的道場時，我都希望我的弟子們能進入諸位菩薩和祖師們的內心世界去。弟子和信眾們都想不通，菩薩看不到，祖師已去世，又怎麼能進得去他們的內心世界呢？我舉這樣的例子，你們大概可以聽懂一些吧！

雖然我們沒有辦法做到圓通，那麼局部的「點通」總行吧！「長通」不能，「短通」也可以吧！即使不能非常圓滿地跟所有眾生、所有諸佛菩薩相通，然而總能體會一些、了解一些諸佛菩薩及高僧祖師們的心胸是怎麼樣的，一切眾生的心態又是怎麼樣的。如果不能夠體會，這就是愚癡而煩惱的眾生，因為不願意去了解他人，也不希望與他人溝通，自己非常地痛苦。跟這個人相處就跟這個人對抗，跟那個人相處就跟那個人敵對，總認為世界所有的人都是加害者，只有自己才是最無辜的受害者，這就生活得很苦，所以叫作煩惱的眾生。

每一個人都有家庭，你們對家裡的人是怎麼樣的態度？多半的父母對年少的子女們都能包容、接受、體諒，能進入孩子們的內心世界去。可是孩子長大之後，就會脫離父母，有他們自己的內心世界，漸漸地，孩子玩孩子的，父母做父母的。在夫妻之間也會有這種情況。因此在現代的社會裡很少有大家庭，大部分都是小家庭。

在法鼓山僧團裡，我的出家弟子到目前為止，將近有九十位，來來去去總有些人走掉，因為他們沒有辦法進入我的內心世界。但是，我總是試著以他們的心態來看他們，以他們的內心體驗來體驗他們，我不以自己的立足點和標準來要求他們，因此總還能做做朋友，這就是為什麼還會有一些人一直跟著我。如果我這個師父對待弟子，老是照自我中心的標準，規定這樣不可以，那樣必須做，那我的徒弟可能全都跑光了！所以我還是做了一些溝通的工夫與努力。但總還不夠圓通。

菩薩的圓通是很難懂的，對大家也用不上，但是稍微與人有一些溝通，能夠嘗試著進入他人的內心世界，這是非常重要的。我有些徒弟想要進入我的內心世界，常常會為我想，買些吃的、穿的東西給我，然後對我說：「師父，這是我特別為你買的，我體會師父一定需要的！」其實這些多半並不是我能吃的，或是我需要穿的，他們是真的為我設想過了，可惜尚未能進入我的內心世界。

觀世音菩薩用耳根進入眾生的內心世界，只要用耳朵聽人講話的聲音，他的音調、語氣、態度，甚至不用語言表達，就曉得有了什麼樣的問題。觀世音菩薩只要用耳根圓通，就知道眾生害的是什麼病了。只要覺得身心痛苦、委屈、損失，這都是眾生的病。心，只要能上通十方諸佛同一慈力，下通一切眾生同一悲仰，上下都通，這就是菩薩的圓通。

第五章　文殊菩薩評析二十五圓通法門

爾時世尊，於師子座，從其五體，同放寶光，遠灌十方，微塵如來及法王子，諸菩薩頂。彼諸如來，亦於五體，同放寶光，從微塵方，來灌佛頂，並灌會中，諸大菩薩，及阿羅漢。

此時，神祕的情景出現：釋迦牟尼佛在師子座上，從頭、兩手、兩足等五體發出寶光，普遍照耀十方世界，像微塵數那麼多的如來及一生補處的法王子們，都接受了釋迦牟尼佛所放的光，這個光灌到諸如來及諸菩薩的頂上。所有被釋迦牟尼佛寶光所照的十方如來，也同於五體放出寶光，從各微塵方向，來灌佛頂，並灌入會中諸大菩薩及阿羅漢的頭頂。這是諸佛從諸方相互交織放光，乃是華嚴境界。

「師子座」不是指佛坐的法座雕刻得像隻獅子，而是描述佛說法就像獅子吼一般。獅子是百獸之王，獅子一吼，百獸俱伏；當釋迦牟尼佛說法時，一切眾生，不論邪正，都會皈敬、信服和服從，並且照著去做。佛是法王之王，是最尊貴的人，就像動物之中的獅子一樣，獅子一吼，百獸驚醒，釋迦牟尼佛說法，萬魔降服，所以稱他的法座為師子座。譬如，大家來聽我講佛法，聽了以後覺得佛法真有用，對佛法五體投地，很感謝我為大家講了這麼好的佛法，那我坐的座位就是師子座；相反地，大家聽到我講經以後，覺得亂七八糟、胡說八道，那我坐的座位就變成是老鼠座了。

所謂「五體」，是指頭與四肢。從頭放光、從兩手放光、兩膝放光，放的都是寶光。寶光不是太陽光、月亮光、電燈光，或者電影、電視裡綜藝節目中閃來閃去的燈光，而是類似人間寶物所產生的光芒，像金剛鑽、紅寶石、藍寶石等珠寶，在沒有任何光線下也能放光。因為釋迦牟尼佛的身體跟普通人不一樣，他身上所放出的寶光，是威德、慈悲、智慧之光；普通凡夫所放的不是光，而是黑氣、怨氣、怒氣、妒氣等毒氣。我們只要一接觸到佛的慈悲與智慧之光，就會覺得平安、清涼、自在、歡喜、親切，所以佛在五濁惡世之中所放的光，照亮了人心，使生活在黑暗而煩惱中的眾生，覺得溫暖又溫馨。

像微塵數那麼多的如來及一生補處的菩薩，都感受到釋迦牟尼佛所放的光，而那些如來也同樣五體放著寶光，從各方微塵數世界傳回到釋迦牟尼佛的頭頂。以釋迦牟尼佛為中心，無數的佛在彼此交流，佛與佛的智慧，佛與佛的慈悲，佛佛道同，彼此都是相應的。

因此，不但釋迦牟尼佛的頭上放光，十方世界一切的佛也在放光；不但釋迦牟尼佛的頭上受到十方世界一切佛的灌頂，當時在大會上所有的菩薩及阿羅漢們，也受到十方無量微塵數佛所放的寶光灌頂。看到這裡，你是否能感覺到佛所放的光明也灌到我們的頭上？使得我們滿身清涼，法喜充滿！

林木池沼，皆演法音，交光相羅，如寶絲網。是諸大眾，得未曾有，一切普獲金剛三昧。即時天雨百寶蓮華，青、黃、赤、白，間錯紛糅，十方虛空，成七寶色。此娑婆界，大地山河，俱時不現。唯見十方微塵國土，合成一界，梵唄詠歌，自然數奏。

釋迦牟尼佛五體放光以後，十方世界諸佛也全都放了寶光，當時在《楞嚴經》大會之中所有的會眾，所見到的環境，是非常莊嚴而清淨，而娑婆世界現實之環境全部消失，十方世界變成一個世界，只看到莊嚴的景象，只聽到演唱宣揚佛法的聲音。此段經文用有形的種種景象，來表達實相的種種佛法內涵。

「林木池沼，皆演法音」是說，植物、樹林，以及沼澤地帶有水的湖、池、水塘，在釋迦牟尼佛說《楞嚴經》時，也都隨著說法。這要從兩種角度來說明：

第一種屬於凡夫的境界，是主觀的心理狀況。林木池沼本身不會說法，由於在場的所有人聽佛說法以後，心中充滿了法樂，所以在環境裡所看到、所聽到的任何東西，也都像是在說法了。我曾經跟一位老法師在佛七圓滿以後離開寺院，走到門口，就有一些年輕人一邊嘲笑一邊罵著：「這些吃素念佛的人最沒用了，吃飽飯沒事做就去念佛，念完佛再去吃飯，真是糟糕！」他們是罵給我們聽的，我跟老法師說：「剛剛打完佛七，出來就挨罵了！」老法師說：「沒有！他們是在念佛！」

另有一個例子：早期的農禪寺四周都是田地，青蛙特別多，晚上都是呱呱叫的聲音。有一次，寺內在打佛七，許多人被青蛙的叫聲吵得睡不著覺，我就問他們：「究竟是聽到青蛙的叫聲，還是聽到念佛的聲音呢？」我這麼一問，第二天晚上再也沒有人說睡不著覺了。此為主觀的一種習慣與體驗，並不是樹木、池沼真的在說法，或者罵人的聲音及青蛙的叫聲是在念佛。當你非常投入在佛法之中時，所體驗的世界，就是一個淨土佛國的環境。

第二種屬於聖者的境界，超越主觀與客觀。超越自我與環境的對立，也超越有與無的對立，從佛法的角度來看，是實相，實相即是無相，而無相的另一個名稱為「無不相」。也就是說，實相並沒有一定之形相，可是每一種形相都是實相。因此，任何一種環境裡的現象與事物，都與實相不相離，既然與實相不相離，這些已得大自在的菩薩們是以無聲而說法，無聲之法即為無法可說的法。

我們所居住的環境裡，沒有一樣是真實的存在，所有的事與物都顯現出「有就是無」，也就是「色即是空」，同時是「空即是色」；實相就是無相，無相則不離一切相。雖然不一定要有詞句，或者用文字、用語言來表達佛法，其本身就是在說法，說的是無相法。

我曾到過敦煌，敦煌有許多的石窟，後來又到了大同的雲岡石窟，在某個石窟裡，雕刻著三十二種不同的樂器一齊在演奏。導遊跟我說：「法師，你在這裡一邊看、一邊聽，好好欣賞！」他就走開了。過了一會兒，他回來問我：「你聽到他們在演奏什麼？」我回答：「是無聲的音樂！」他說：「不是，他們是三十二種樂器一齊在演奏的交響樂隊。」這位導遊很喜歡音樂，他說每次經過這個地方，總覺得是聽到了交響樂在演奏。各位能體會到這兩種角度不同的地方在哪裡嗎？

「交光相羅，如寶絲網」，此為光的動作及光的現象，這也可以從兩個層次來解釋：

第一個是普通凡夫的層次。由於聽到佛法以後，對眾生有慈悲心，對所有的人都沒有怨恨與失望的心，對所處的環境也充滿了希望與光明的遠景，這種光是感覺上的光明。就像有些人在失魂落魄、沒有希望的情況下，如果有人去給他安慰與鼓勵，為他指出一條馬上可以走的希望的路，他一定會眼睛一亮，覺得光明就在面前，你是否有過這樣的經驗呢？

在臺灣，曾經有位政治人物，他在兩年前中風，需要有人扶著才能走路，再加上當時整個社會環境很亂，他就對自己的身體健康失去希望、對政黨失望、對臺灣的整個社會絕望。他對他的朋友說：「這個世界對我來說已經沒有希望了，我還活著受罪做什麼呢？早死早升天，早死早解脫，我真想早一點死！」他的朋友把他帶來見我，我就告訴他一種心態，當時他眼睛一亮，忘掉自己是需要人攙扶的，居然能夠自己走路了！

其實，我並沒有跟他講佛法，只是說：「世代交替，一代代的交替就是無常，而無常就是常法，這不一定是壞事。常常在變，才能變出好的來，現在的危機就是最好的轉機。只要你的心理沒有問題，你的病馬上會好的！太陽向西方下山以後，明天又會從東邊升起。『前程美似錦，旭日又東升』；我們稱『錦繡河山』，這河山都是用錦緞繡出來的，非常美麗而有希望。一切都要往有希望的方面看，就會活得很快樂、很健康了！」他聽了我這段話，覺得很有意思，站起來就走了，走了一段路，才想到自己是個有病的人，他就哈哈地大笑起來。我這幾句話為他點燃了希望的信心，所以他很歡喜地離開了！

我們可以從不同的角度、不同的方向、不同的功能來接受佛法，讓佛法的光交錯地照著我們，而《楞嚴經》二十五種圓通法門，就像二十五條光線交織成一張網，大會中聽法的人，就在這二十五位大菩薩的光芒照射之中。

第二個是聖人及大菩薩的層次。他們所看到的光是無光之光，無處不是光，無時沒有光。諸佛的光，遍滿著十方世界、十方空間，以及無窮的過去與未來。每一尊佛的光與光互相交錯、融合在一起，但是每一尊佛還是有不同的願力，那種光是無形而有功能的光，是佛光。佛與佛之間的慈悲願力與智慧功能事實存在，就是現在所講的，所有的光像網目一樣彼此互相交錯，籠罩著所有世界、所有時間，這是無光之光。

東方有孔子、老子、釋迦牟尼佛，西方則有蘇格拉底、亞里斯多德、耶穌、穆罕默德，這些都是世間聖人。他們生在不同的時代與地方，可是直到現在，他們的影響力仍在，而且每一個時代的人，都能接觸到他們的智慧之光，並且交融在一起。雖然我們的眼睛看不到、耳朵聽不到、手也摸不到，可是這些大宗教家及大哲學家，讓每個人都接收到他們所造成的影響力，即使間接再間接，在我們彼此的文化裡、生活裡都已經存在，我們就生存在他們交錯著的光裡。

佛法的光照到我們，我們也要反射出佛法的光來，不要專門只做一個吸光的人——凡是光照到你，光就不見了，而反射出來的都是黑氣，不但自己生煩惱，也教他人生煩惱；自己痛苦，也教他人痛苦。所以，希望大家要做一個反光器，不要只做吸光器，要將佛法慈悲與智慧之光反射到你周圍的人的身心中去。

由於許多的佛都在放光，所以一切的聽眾全部得到金剛三昧，這實在是太不可思議，實在是太微妙了。因此，感得天上的天神及護持佛法的護法神，都在撒著天雨般的蓮花。事實上，這些都是佛菩薩以天神相、以神通力化無為有，在天空出現。「百寶蓮華」是各種寶物所成的蓮花，顏色有青的、黃的、紅的、白的等等，繽紛而錯綜複雜地交錯著從天上落下，就像下雨一樣。

這種場面在佛法會場之外的人是看不到的，只有在會場裡的人，才有這種福德因緣。其他所有的人，種田的仍在種田，牽牛的仍在牽牛，生病的仍在生病，窮人仍是窮人。而得到如幻金剛三昧的人，已經是在定中，此定是有時間與空間的，不是一片空虛。這些人可以體驗金剛三昧定境的境界，在境界中就出現了以上所描述之情景。這並不是說身外與心外真正有個實質的、物質的東西出現，而是內心的經驗裡就是這樣一種狀態。

「百寶蓮華」，蓮花代表清淨，百寶蓮花則是無上的、無限的清淨，只有佛國及天國才有。青、黃、赤、白四種顏色，代表真實的顏色，也可以視作「四聖諦法」或者是「四攝法」。據說，地上蓮花數十葉，天上蓮花數百葉，佛國蓮花數千葉。

「十方虛空，成七寶色」，十方世界就是無量的世界，全部都是七寶顏色所成，是那麼地清淨。「色」指的是所產生之功能與力量，以七寶的光明顏色來形容，也就是說，智慧之光明、慈悲之光明、解脫之光明無處不在，充滿於十方虛空間。

「娑婆界」至「合成一界」，描述這些聽經的人，全部將身心融化在十方虛空的七寶光明中，一切的山河大地全都不見了，唯見十方微塵數的佛國淨土，合成一界，靜聽「梵唄詠歌，自然數奏」。此是說明如幻金剛三昧的境界。

最容易使人類感動的，是眼睛所看的與耳朵所聽的；眼睛看的會動心，耳朵聽著會著迷。「梵唄詠歌，自然數奏」這兩句是形容耳朵所聽到的，聽了釋迦牟尼佛說法以後，心中有一種法喜充滿的體會，因此聽到風吹樹葉的聲音，覺得是在說法、流水的聲音是在說法、鳥叫的聲音是在說法，任何一種聲音都感覺到是在說法。這樣的經驗相信你也曾經有過，如果有個歌星的歌聲讓你著迷，你隨時隨地都會覺得那聲音在耳朵裡唱。我曾經看到一位老人家，對已故臺灣歌星鄧麗君的歌，著迷得像中毒一樣，他整天把耳機戴在頭上聽，起先我還以為他是在念佛呢！因此，當佛法深入到腦海中，深入到八識田中，所聽到的就都是說法的聲音了。

在禪七期間也會有這種現象，有些禪修者在打坐時還會聽到師父的開示。如果心很亂，這種情形不會發生，當心寧靜以後聽師父的開示，打坐時如果用功用不上力，這種妄念、幻覺就會出現，好像師父一句句的開示還在講，他也還在聽一樣。還有，法師唱的梵唄很好聽，也會有人在打坐時還可以聽到他的唱誦聲。因此，聽了佛法以後的正常反應就是這樣，不一定是天空中真的有了梵唄聲。

總之，你可以將這一段當成事實，也可以將它當成修行與心理上的經驗，主要這是修成如幻金剛三昧的經驗。

問與答

信眾：像空中的梵唄聲及天雨等，都是很遙遠的境界，要如何拿到現實的生活中來用呢？

師父：佛法聽一句也好，聽兩句也好，只要覺得非常歡喜，感到前途充滿著光明與希望，內心的歡喜就能讓你所見到的世界轉變，自己的情緒也跟著轉變。又如果說，聽經聽得心花怒放，很歡喜，天降的花雨就在心裡出現，雖然距離很遠，但是這種觀想還是有用的，這可以從心理上得到轉變。

信眾：天神、護法神、人間的神有什麼不一樣？

師父：神有天神、空神、地神，這是因福報不同，所以活動的範圍也不一樣。神之中有善神與惡神，只要皈依三寶的就是護法神，一定是善神，但是沒有皈依三寶的神，也有善神與惡神之分。

於是如來，告文殊師利法王子：汝今觀此二十五無學，諸大菩薩，及阿羅漢，各說最初成道方便，皆言修習，真實圓通，彼等修行，實無優劣，前後差別。

我今欲令阿難開悟，二十五行，誰當其根；兼我滅後，此界眾生，入菩薩乘，求無上道，何方便門，得易成就？

釋迦牟尼佛問文殊師利菩薩說：「我現在聽到二十五個圓通法門，希望你告訴我，要如何使阿難開悟呢？」

文殊師利菩薩在《楞嚴經》裡是一位相當重要的菩薩，一開始就由文殊師利菩薩來協助釋迦牟尼佛，當二十五位菩薩及阿羅漢，講完二十五種圓通法門以後，佛就請文殊師利菩薩做結論。由於這二十五位菩薩及阿羅漢講的修證法門，都非常好、非常對，那麼對阿難來講，究竟哪一種法門對他是最有用的？對佛滅度以後，此娑婆世界的一切眾生，應修何種法門得度，容易入菩薩道，而成就無上的菩提道呢？

文殊師利菩薩、普賢菩薩、觀世音菩薩和地藏菩薩，並稱為中國大乘佛教的四大菩薩。在印度釋迦牟尼佛時代，也只有文殊師利菩薩與彌勒菩薩出現過，而文殊師利菩薩直到佛涅槃後，仍住世很久。因此，在許多大乘經典裡提起菩薩時，多半會以文殊師利菩薩為第一位。彌勒菩薩也是歷史上的人物，現在是在兜率天內院，他傳了一部《瑜伽師地論》到我們這個世界來，對弘揚大乘佛法極有貢獻。彌勒菩薩屬於唯識思想，文殊師利菩薩則屬於般若思想，由般若而發展出龍樹的中觀思想，此為印度大乘佛教之兩大主流，是由地球上的兩大菩薩所推廣出來的。其他還有很多的菩薩，像觀世音菩薩、普賢菩薩等，因為不是人間歷史人物的身分，所以並沒有發展出什麼學派。

文殊師利菩薩的尊稱就是「法王子」，其實所有的大菩薩都應該稱為「法王子佛」。所謂「法王」，指的就是佛，法王的長子稱為法王子，將繼承佛位。但是，文殊師利菩薩並不是要繼承釋迦牟尼佛的佛位，他顯現的是一個金色的童子身、童子相。在經典中的介紹，文殊師利菩薩似乎不會老，永遠都是那麼年輕，所以稱為「法王童子」。這有點兒像善財童子，但是善財童子還沒有到達法王子的程度。文殊師利菩薩在過去本來就是佛，他以童子身顯現菩薩相，所以在所有的菩薩之中，只有文殊師利菩薩經常被稱為法王子，其他的菩薩很少有這樣的尊稱。

二十五位講圓通法門的菩薩及阿羅漢，有時是諸大菩薩，有時是阿羅漢，他們都是「無學」。「學」是學著斷煩惱，學著度眾生，如果慈悲心不夠，就要學著增長。阿羅漢是以斷煩惱為主，以度眾生為次，這裡經文說的是菩薩的學與無學，因為此處有的是菩薩相，有的則是現阿羅漢身的大菩薩。我們傳菩薩戒時，裡面有一條三聚淨戒，就是菩薩已學、正學、當學；過去菩薩已經學，現在菩薩正在學，未來菩薩應當學，這就是「菩薩學處」。以三聚淨戒來學習修行菩薩道，此為「有學」；「無學」是已經到了不需要以自己的努力和發願去修持佛法，煩惱自然不起，智慧自然現前。大乘的無學是第八地以上的大菩薩，小乘的無學則是已證得阿羅漢果位。

「菩薩」是印度語，梵文稱為「菩提薩埵」（bodhisattva），翻成中文的意思，是自己有智慧除煩惱，也能夠使得眾生有智慧除煩惱的人；自己除煩惱，也能夠使得眾生除煩惱的人，所以又稱菩薩為「覺有情」。阿羅漢有大乘的阿羅漢及聲聞乘的阿羅漢，大乘阿羅漢是佛，聲聞乘阿羅漢則是一般所稱的解脫者。此處的阿羅漢已發大乘心，可以視之為菩薩。阿羅漢本來叫作「應供」，應該接受供養的意思，因為他們已斷煩惱、已得智慧，生死已了。讓人間供養，是對供養他的眾生給予祝福，並說簡單的佛法，一邊應供，一邊度化眾生，使得眾生有利益。

文殊師利法王子，奉佛慈旨，即從座起，頂禮佛足，承佛威神，說偈對佛：覺海性澄圓，圓澄覺元妙，元明照生所，所立照性亡。迷妄有虛空，依空立世界，想澄成國土，知覺乃眾生。

講完了這二十五個圓通法門以後，釋迦牟尼佛問文殊師利菩薩，怎麼樣能夠幫助阿難開悟？哪一種圓通法門對阿難來講是比較好的？哪一種法門對佛滅後的眾生容易成就無上的佛道？文殊師利菩薩沒有直接回答，而是用以下的許多偈子表達。這些偈子相當深奧難懂，我逐句為各位解釋。

「覺海性澄圓」，覺海是形容佛的智慧像海那樣，深無底、廣無邊；性澄圓是佛的智慧海，其性能與性格，是非常地清楚與透徹，而且是圓滿無缺的。

「圓澄覺元妙」，圓澄是形容佛的智慧清澈而圓滿，元妙是那麼地清澄透徹，那麼地奧妙不可言表；而眾生的智慧本來就與佛完全相等。

「元明照生所」，元明是眾生與佛同具的智慧，是無緣大慈，由於沒有對象，所以也沒有能照與所照。可是在眾生而言，眾生的元明，也就是眾生的智慧本來與佛完全一樣，由於智慧尚未出現，在對著外境時，對其所照的事物產生了攀緣的心，因此，就有了能照與所照；心是「能生」，與心相對的眾生，以及人、事、物等，叫作「所生」。

「所立照性亡」，「所立」是有了所照的對象，由於「照性」是空、不存在，智慧的功能就不見了。眾生的智慧與佛的智慧原本無差別，一樣地明朗，因為眾生有了所立的對象而產生攀緣心，結果智慧變成煩惱。所立的照性既消融，能立的照的功能，也就沒有著力點了。

「迷妄有虛空，依空立世界」，既然有能照與所照，就一定有兩個相對的物體存在。「迷」是指煩惱，由於煩惱就有了虛空，眾生由於執著虛空，所以在虛空中，建立了娑婆世界。

「想澄成國土，知覺乃眾生」，在這個世界裡，妄想凝結而成的是無情的國土，國土中有知覺的，即是有情的眾生。

空生大覺中，如海一漚發，有漏微塵國，皆依空所生，漚滅空本無，況復諸三有？

「空」是從佛的「大覺」智海中產生的。眾生雖然迷妄，大覺智海仍然存在，並沒有失去。此是在鼓勵眾生，不要擔心著空有多大，在無礙的大覺智海中，那就像海裡的一個小水泡一樣，是一個很小很小的現象。因此，有如微塵數的一切國土，都是依著空而生，如果一個個的小泡泡都不見的話，那個空本來就沒有，本來就是不存在的。能夠了解這些，還有什麼三界的眾生呢？「三有」，就是三界的眾生：欲有、色有、無色有。

我從小就聽到一些老和尚在念「空生大覺中，如海一漚發」。當初聽不懂是什麼意思，其實就是當煩惱境界現前時，能夠知道煩惱的境界是生於虛空中，就像大覺智海裡的一個小泡泡，那麼煩惱一下子就會不見了。因此，請大家要經常念這兩句話：「空生大覺中，如海一漚發。」

問與答

信眾：何謂「常見」與「斷見」？

師父：有神論講的常見是不變的，神永遠是神，靈魂永遠是靈魂。佛法講的常見，在此處是指無始以來就有眾生，但是眾生會變，可以成為凡夫，也可以成為聖人，沒有一定是凡夫性或者聖人性。實證聖人性時，就證得空性，空性並不等於斷見，斷見是認為什麼都沒有了，空性是沒有不變的自性，因為聖人雖然是聖人，一樣可以在凡夫之中現凡夫身相，但是沒有煩惱，此為常見與斷見之分別。因此，不能解釋為永遠有眾生，永遠有世界；世界有成、住、壞、空，其自性是空。虛妄是有的，然而自性是空，這不是常見或者斷見，而是因緣法了！

信眾：何謂「正法」、「像法」、「末法」？什麼是「人間淨土」？

師父：有這三個時期的說法，是出於阿毘達磨，也就是在佛滅之後三百年至五百年之間，才出現這樣的說法：正法五百年、像法一千年，末法一萬年。在相當於中國隋朝的時候，正法與像法時期已過，進入末法時代的思想。正法時期，有多少人修行就有多少人證果；像法時期，修行的人多，證果的人少；末法時期，修行的人再多，也沒有一個人可以證果，末法時期的人是最沒有善根的。但是，這不是釋迦牟尼佛說的，而是大約在佛滅三百年之後，這樣的思想才流傳甚廣。因此，我並不相信這種三期的說法，但是我也不完全否定它們。

我所說的「人間淨土」，是指《維摩經》所講的「心淨則佛土淨」——心清淨，所見的世界是清淨的；一念之間清淨，一念所見的國土是清淨的；十念之間清淨，十念之間所見的國土就是清淨的。

前面的二十五位菩薩，每一位都是修行特別的法門，也都證入了同樣的楞嚴三昧，或者是楞嚴大定的圓通境界，然而連阿難在內，還是有許多現場的聽眾不了解這二十五種圓通法門究竟是什麼意思。於是文殊師利菩薩就用以下的偈子，重複地解釋說明，一樣一樣地再介紹一次。

歸元性無二，方便有多門。聖性無不通，順逆皆方便。

這二十五位菩薩的圓通方便門，在回歸到本位時，都是見到自性，即見到圓滿的佛性，雖然進門的方便各有不同，但是進門以後，所完成的智慧則是完全相同，而且彼此之間都是相通的。因此，入門速度有快有慢，有的是從順的方向觀，有的則是從逆的方向觀，但是其結果完全相同。

「歸元性無二」，「性」是佛性，「歸元」就是還本歸元。這不是原來的原，不叫最初或源頭，而稱為「元」，是指「根本」的意思。譬如，每一棵樹的樹葉到了秋天時，大部分都會落在地上，地就是每一棵樹的根本，只是樹葉落的地方不同，但都落在地上則是真的，而地並沒有分開，是整體的，是連在一起的。這二十五位菩薩從不同的修行法門開始著力，著力以後的歸屬點完全相同。歸屬點就是根本，他們的起點雖然不一樣，然而同時歸根到心，本性與自性完全一樣。自性或佛性也可稱為如來藏或真如，見到佛性，就是實證了如來藏或者真如。

我接到俗家二哥的來信說：「小弟，你也快七十歲了，有沒有打算死了以後要葬在哪裡？將來是否要建一個塔呢？落葉歸根，還是回到祖國來吧！」落葉歸根，他要我回去，不知道是要我死了以後再回祖國？還是活著就先回祖國去等死呢？他會這麼問，就是因為沒有看過《楞嚴經》，也不懂《楞嚴經》。沒有錯，我是要落葉歸根的，但是歸元要歸到哪兒呢？我想應該歸到佛性吧！至於我的色身肉體，死了以後堆到任何地方都是一樣，就像樹葉都是落在地上，我死了以後，身體在地下漸漸也就分解掉了，這也算是落葉歸根。後來我回信告訴他我的想法，他就沒有再來信了，也許他認為這個弟弟已經沒有希望了！

更早之前，我的俗家三哥也曾來信問我：「老弟，你已經快六十歲了，你又沒有後代，老了以後要依靠誰呢？我還有幾個兒子、女兒，我可以給你一、兩個，以後照顧你，你也有個依靠，死了以後，也會有人料理你的後事！」我回信說：「我的後代滿天下，我把每一個年輕人都當成是我的兒女，他們將來都是我的依靠。至於老了以後，如果無人照顧，正好，我就可以早一點走；如果無人料理後事，那也很好，蒼蠅也會來料理，蒼蠅多了蟲就多，牠們把我料理掉了，不就沒事了嗎？」幾年後，他生病住進醫院，他的孩子們都忙得沒有辦法去照顧他。我這個沒有兒女的人，我想我死了以後，總不至於被蒼蠅吃、被螞蟻分，我的徒弟們及聽我講經的人們，會替我收屍火化而灑回大地的。我從不擔心自己的問題。不擔心，問題就沒有了，這叫作「歸元」。

「方便有多門」，方便是用不同的方法來便利修行，增長智慧，化除煩惱，最後成為一個像佛那樣有大智慧、有大慈悲的人。所有菩薩修的每一種法門，都稱為「方便門」，也就是用各種不同的方法，便利菩薩們完成修行之過程。例如《圓覺經》介紹十二位圓覺菩薩，這十二位菩薩的修行法門，就是十二種方便門，我有一本著作就是《完全證悟——聖嚴法師說圓覺經生活觀》。此外，《楞嚴經》有二十五位菩薩，就是二十五種方便門，每一門都是圓通門；《維摩經》中〈不二法門品〉裡有三十二位大菩薩，也有三十二種不二法門，每一位菩薩都來說明他們所體驗的「不二法門」是什麼，其實不二法門就是圓通法門；在《大涅槃經》裡有百句解脫門，每一句都是一種解脫方便門；許多大乘經典說到，眾生有八萬四千煩惱，每一種煩惱就有一種對治的方便門，那就是八萬四千法門；《華嚴經》就更多了，根本沒有數字，是無盡方便門，無盡的成佛法門，重重無盡，有多少眾生就有多少法門。

中國人說職業有「三百六十行，行行出狀元」，以現在來講，也應該有無數行，只要專精與努力，就能在這一行裡得到第一。凡是創造第一的，也都能在金氏紀錄裡記上一筆。我有個皈依弟子柯受良，一向在電影裡專門為武打演員當替身，跳牆、翻跟斗、撞車、打架等要命的危險動作，都由他演出，但是在銀幕上看到的是演員而不是他。後來他不再做替身演員，但總覺得該做些什麼事來讓大家知道他，於是就騎摩托車飛越長城，以及駕駛汽車飛越黃河。這兩次的表演成功以後，轟動中國大陸，金氏紀錄馬上就有他的名字，全世界都知道有這麼一個英雄人物了。要出名的話，飛越長城或者飛越黃河，向人類體能的極限挑戰、向金氏紀錄挑戰，方法有很多。

方便，是需要靠因緣的。因緣好，善根福德夠，就能夠得到快速而有利的方法和途徑，以及他人的幫忙；如果善根因緣福德不夠，也就是過去不努力，結的人緣不多，這就比較困難了。方便並不是在一夜之間成名或成功，許多成功的例子，都是經過漫長過程的鍛鍊，然後鍥而不捨地，才能夠完成一項尚沒有人完成的事業，這是由於不斷地、持續不斷努力的關係。多半的人試探著走一走就不想走了，認為這條路好辛苦，走另外一條路看看，那條路也很辛苦，又不走了；或者同時看到五、六條路，這幾條路都想走，於是左手抓一條路，右手抓另一條路；左腳踩一條路，右腳踩另一條路，這樣還走得下去嗎？尚未上路，就已經累死了。

我在日本留學時，有一位先生的年齡跟我差不多，他正在國立東京大學念碩士。他非常聰明，讀書要讀好學校，老師要找大名師，一個名師不夠，還要找第二個、第三個名師。有一次他建議我：「你讀完碩士以後，就來東大念吧！東大是名校，我還可以介紹幾位老師給你，那都是名教授。你在名校、名教授這裡讀完書，你就是一位名學者了。」我自己覺得我是個非常苦惱的人，福報不夠，智慧不足，於是我對他說：「我有一個私立學校讀已經不錯了，我的老師對我很好，而我既捨不得我的老師，也捨不得我的學校，我是甘願這樣下去了！」等到我把博士學位讀完，一直到現在很多年過去了，他始終沒有讀完博士學位。因此，不管學校是國立或私立，只要在國際上、在日本都承認我是個博士，就夠了。雖然學校不是最好的，老師總算也是從東大出身的。由於我很忠心，所以學校和老師們都對我很好。

「方便有多門」，方便的入門雖是很多，但是不要去亂闖門、亂竄門，結果一個門都進不去，還可能在門外就撞得鼻青臉腫。所以雖然方便有多門，還是要跟自己相契，或者是自己可以接受的，然後就在這個門裡一直用功下去。禪宗有句話頭，這也是個公案：修行要像「蚊子叮鐵牛」，鐵牛根本沒有血可吸，可是有隻笨蚊子老是叮著鐵牛不放，到最後蚊子不見了，鐵牛也消失了，便是開悟了。

「聖性無不通」，能夠進入二十五種方便門以後，就能轉凡夫菩薩成為聖位菩薩，彼此之間的性是相通的。性指的是佛性、如來藏性，彼此所見的、所證的如來藏性與佛性是相通的。因此，雖然方便門很多，進門以後所見，則是門門相通。

「順逆皆方便」，順著生死之流，是順流；逆著生死之流，則是逆流。所謂

「順」，是觀眾生十二因緣從生至死，從死到生，輪迴不息，流轉不已：因為有無明，所以有行，有行以後就有識，……以此類推，是十二因緣順的周環，觀生死是苦，苦從哪裡來？這是十二因緣的流轉。所謂「逆觀」，就是由觀無無明，而觀無明都沒有，這就不簡單了，必須先轉八識成四智，沒有識即沒有行，亦即沒有無明了。我們的意識流是川流不息的，念念生滅無常，觀無常，就知道識是不存在的，無識以後就是無行。行，是心理的行動，若不造作種種善業與惡業，根本煩惱的無明自然消失。順流及逆流，這兩個方向都可以達成開悟及了生死的目的。這只是我舉的例子，修行任何一種法門，都可以順觀和逆觀。

增上緣也可分順、逆兩種。外在的因緣有順有逆，順、逆兩種增上緣都是協助我們的修道因緣，只要自己的方向、目標——願力不改變，順因緣與逆因緣都是增上緣，也都是完成圓通法門的方便門。

有一對夫婦天天吵架，滿痛苦的，就在臺灣協議離婚。一個說：「從此以後，你做你的事，我走我的路！」另一個說：「我也想去找我的新天地，另外找個對象結婚。」於是兩人離婚後，一個往東，一個往西，結果兩個月後，在紐約的地下鐵碰面了。兩人見面以後，又彼此指責：「我叫你不要跟著我！你究竟要到哪裡？」

原來一個是從香港到歐洲再來美國，另一個則是從日本到美國，可是怎麼會在紐約的地鐵車站碰面呢？他們就想，兩個人大概註定吵架要吵一輩子了，於是就在紐約公證結婚。我們的地球是圓的，轉過來、轉過去，又見面了，這不就是圓通嗎？

初心入三昧，遲速不同倫。

歸元只有一個佛性，方便卻可以有很多的門，要進入實證神聖的佛性，沒有一門是不通的。不過有順的方便，也有逆的方便。最初發心要修楞嚴三昧，正與反都可以修，但是由於不同的根性，成就有快也有慢。文殊師利菩薩將其分為六塵、五根、六識、七大等四大類目來作分析。首先解釋六塵：

色想結成塵，精了不能徹，如何不明徹，於是獲圓通？

色塵，色是色法，是各種物質體，主要是講地、水、火、風四大元素之物質。此物質是由眾生的妄想凝集而成，是智慧無法通過的一種障礙。「精了」是精華，最好的、根本的一種力量叫作「精」，是徹頭徹尾的一種智慧。智慧是極明朗的，初發心的菩薩由於有了妄想構成的塵障，就將智慧障礙住了。眼睛所看到的色，是從妄想而結成的色塵，智慧都不明徹，怎麼能夠從色塵得到圓通呢？

「色想」，色是通過妄想而產生的一種功能，色是物質體，物質體的出現與構成，是由於眾生的妄想。萬法從心生，這個心就是妄想心，妄想心起，塵勞門開，物質體成了煩惱之門，煩惱之門一開，智慧之光就被蒙蔽。塵，不是灰塵，不是塵土，而是汙染的意思。物質體如果沒有人的妄想，沒有妄念，就不一定是塵，山河大地所有的一切，也就無所謂是「萬丈紅塵」；由於妄想心起，所有的一切物質都變成智慧門前的萬丈紅塵了。塵染那麼大、那麼高、那麼深、那麼厚，用智慧的眼光來看，其實是什麼都不存在的。因此，如果沒有妄念，色就變成進入圓通法門之門了。

音聲雜語言，但伊名句味，一非含一切，云何獲圓通？

聲塵，從聲與音組成了語言，如何記錄語言？就要用文字了。梵文的「伊」，是符號「∴」，這個符號只有三個點，伊最初是從音記錄下來，錄成文字符號。伊，也就是字母，幾個字母拼成一個詞，詞組合成為句子，句子組合成為一篇文章。「伊名句味」，就是字、名、句、文。「味」是表達文字的內涵，也就是文章，僅僅是句，並不能充分將意味表達出來。因此，聲音也好，語言也好，將聲音、語言記錄成為字、名、句、文，是否就是圓通法門的內容呢？當然不是。音不是法門、聲不是法門、語言不是法門、符號不是法門、名不是法門、句不是法門、文也不是法門。一非一切非，一樣不是法門，每一樣都不是法門，凡是從音聲記錄下來的東西都不是法門，學佛的人應當要「離文字相，離語言相，離名句相」。

香以合中知，離則元無有，不恆其所覺，云何獲圓通？

香塵，實際上就是鼻孔嗅覺的味道。香的感覺，一定是有一種外在的氣味和鼻子的嗅覺神經相接觸，才能產生。鼻根也就是嗅覺神經，與外在的味道結合，叫作香，不結合，香是不存在的。因此，怎麼可能以一種不存在的東西，拿來做為修行圓通法門的入門呢？

以上的色塵、聲塵、香塵，的確都有人是因此而開悟的：曾有一位古代禪師，一眼看到桃花就開悟了；明末蓮池大師是聽到有人打破碗而開悟；虛雲老和尚是有人倒水給他喝，他拿著杯子要接水，但是開水太燙，手一放，因為茶杯掉地破碎而開悟；香嚴童子則是聞香而開悟，從此以後，他專門買香供養別人。釋迦牟尼佛說：「香嚴童子在過去無量劫以來，專門買香供養佛、供養菩薩、供養人，所以從聞香而得悟。」

味性非本然，要以味時有，其覺不恆一，云何獲圓通？

味塵，味道這樣東西不是普遍的、永久的，而是暫時的、局部的，必須要用舌頭去接觸，味道才能感覺得到。既然味道是因緣和合而成，實際上並不存在，又怎麼可能讓初學佛法的人進入開悟之境界？譬如一般修定或修行任何法門的人，必須一門深入，不斷地持續在同一個方法上，才有可能開悟。不過，藥王菩薩與藥上菩薩是從味覺得到圓通，因為他們知道味不是一個實在的東西，所以悟到空，而悟到空就悟到了一切。

觸以所觸明，無所不明觸，合離性非定，云何獲圓通？

觸塵，只有當身體接觸冷、暖、硬、軟、粗、濕、滑等時，才知道有觸，離開以後就不叫觸了。所以觸與不觸之間，一定是不相連的。既然不是連續性，也不是結合在一起，怎麼能夠讓初發心的菩薩一下子就入門了呢？

然而，有位跋陀婆羅菩薩是修觸塵而入圓通法門的。有一次他和僧團比丘們一起到澡堂洗澡，當水接觸到他的身體時，突然間他就開悟了。因為他發現水就是水，身上的塵垢就是塵垢，洗過以後，只是塵垢離開身體而已，和水是沒有關係的，這使他悟到世界上的任何東西都是不動的。沒有一樣是你幫我，我幫你，法法本來就是這個樣子。

法稱為內塵，憑塵必有所，能所非遍涉，云何獲圓通？

法塵，六塵之中的最後一塵為法塵，這不是指外在環境的物質，而是用意識所對、所接觸以後，自己心裡所產生的符號及內在的一種境界。塵，又稱境界，一定要有東西才叫作塵，然而法塵只有頭腦在想的時候才會出現，並不是真的有這樣東西，頭腦在想，法塵出現；頭腦沒有想法和念頭，就沒有法塵。這是無法捉摸、無法持久的東西，當然也沒有辦法讓一個初學的人進入圓通。

以上六塵都已經解釋完了，現在我們來整合一下：「我」，是由因緣和合而成，由於五根接觸到外在的五塵，其中法塵不是外面，而是由裡面的根接觸到塵。塵，是環境，是境界，接觸以後產生分別心，這個分別心就是「我」，「我的執著」、「我的分別」便隨之出現了。分別些什麼呢？這個是我，那個不是我；這個是我的，那個不是我的。不管以為是我的或者以為不是我的，通通都是我執——六根是因，六塵是緣，結合起來就叫因緣和合，和合以後，就產生了我執。

請問，如果只有環境、只有塵，眼睛看的是色塵，耳朵聽的是聲塵，鼻子聞的是香塵，舌頭嘗的是味塵，身體接觸的是觸塵，頭腦在想的是法塵，這六塵就是「我」嗎？譬如，看到電燈就說電燈是「我」，聞到味道就說味道是「我」，昨天有人說我的車子有臭味，聞到臭味就說那個臭味是「我」，當然沒有一個人會相信那個塵就是「我」。但是很奇怪地，加上自己的五根與外界接觸時，就會說我聞到了、我看到了、我聽到了，這個「我」就出來了。因此，根塵的因緣和合而產生的

「我」，這個我是真的嗎？

接下來要講根。根與塵因緣配合產生了「我」，如果只有一者存在，便不能成為因緣，那麼「我」是不存在的。這裡的經文是說，有的菩薩是從某一塵開悟，有的菩薩是從某一根開悟，文殊師利菩薩就說：「依塵不能開悟，靠根也不能開悟，執著塵或執著根，這是開不了悟的！」

見性雖洞然，明前不明後，四維虧一半，云何獲圓通？

我們都知道眼睛只能往前看，不能往後看。東、南、西、北四個方向，眼睛最多只能看到兩個方向，在同一時間，還有兩個方向是看不到的。像這樣不完整、不能夠圓滿的東西，怎麼能夠讓初學的人得到圓通法門呢？

五根通常是指眼睛、耳朵、鼻子、舌頭、身體，但是我們所看到的，其實是五官，也就是五種官能，而不是佛經所謂的「五根」。梵文裡的「根」分成兩種：「浮塵根」，是表面的、是浮動的，可以感覺到、看到、摸到，還可以用科學的方式研究分析，這是粗的塵所形成的根；「淨色根」，是一種清淨物質體的根，而不是塵，這才是真正的「五根」，用解剖或者顯微鏡儀器都無法看到。《楞嚴經》講的「五根」是淨色根，而不是浮塵根。根和識有密切的關係，五根和五塵接觸，同時產生五識，根的功能使得識產生作用，當識沒有作用時，根也不存在了。雖然淨色根不存在，浮塵根仍然還在，就像人死後跟活著是不一樣的，這是因為淨色根已經不在了，留下的只是浮塵根。淨色根是物質體，它不是不散的，不是能夠抓得到的，也不是可以分析、可以看得到的。

淨色根相當難懂，一般人只知道浮塵根而不知道有淨色根，只有得到智慧的菩薩才知道有淨色根。然而，真正能發生作用的，是淨色根而不是浮塵根。這一段講的是眼根，就算懂得眼根的淨色根是什麼，也不能開悟，因為眼睛的浮塵根不全，也不普遍，必須要在開悟以後，才能看到淨色根，才能夠體驗到微細的東西。

問與答

信眾：覺悟的人已經無我，可是其根塵仍在接觸，不斷地在產生「我」，要如何維持這種無我的境界呢？

師父：所謂無我，並不是根塵不接觸才叫「無我」，而是在根塵接觸之中，知道根不是我，塵也不是我，根塵相接觸也不是我，否則這個「無我」就無法著力了。能夠不受境、塵誘惑，而產生貪得之煩惱，也不接受外境五欲的刺激而產生貪欲、憤怒與瞋恨，這就是無我了。所以並不是不接觸，而是不起瞋與愛的情緒反應。

信眾：「什麼是無？」是禪師跟他們師父之間發生的一些公案，如果一直參，是否可以得到二十五個圓通法門呢？

師父：如果迷信那些公案能夠讓你開悟，那是八輩子也開不了悟的。但是，從問這個公案「無」而產生疑情，從疑情而開悟，並不是因為那個「無」而得開悟。就像手指著月亮，如果你抱著那個手指說：「這就是月亮。」那永遠都不知道什麼是月亮了。因為每個人站的角度不同，看到的月亮也不一樣，只有不看手指而去找月亮，總有一天會找得到。因此，任何一門都可以進，放掉它就進去了，執著它就進不去。如果執著門，認為這個門可以進，那個門也可以進，結果闖的這個門就會是鐵門、那個門是銅門、另外一個是石門，每個門都進不去。文殊師利菩薩就是要破眾生的執著。

在佛經裡有個名叫周利槃陀伽的笨阿羅漢，他非常笨，但是笨人還證得阿羅漢果，他就是以鼻根而證得圓通的。但是文殊師利菩薩以下面一偈反問：

鼻息出入通，現前無交氣，支離匪涉入，云何獲圓通？

鼻根，鼻孔呼吸的出與入，是在彼此的一出一入之間，出氣和入氣並不是連在一起；出是出，進是進，這是兩回事，怎麼可能以鼻息而得圓通呢？這是從統一的觀點來講，既然不統一，怎麼能夠得圓通？又怎麼能夠使人開悟？

以上是文殊師利菩薩從修定的呼吸法來說的。呼吸在基礎佛法裡稱「安那般那」（ānāpāna），是一種觀息法，注意鼻孔之感覺。如果鼻孔的感覺還在，還知道自己的呼吸有出有入，雖然心還是散的，並沒有真正地完全集中，可是在散心之中，還是有幾個念頭在持續著。譬如說，知道呼吸出，知道呼吸入，這裡面就有「我在呼吸」、「我知道呼吸」，還有「呼吸在出入」等幾個念頭，這些念頭不斷地在輪替工作，所以它本身還是一種散的妄念，心已經集中在這幾個妄念的過程中，是不可能讓人開悟的。其實「安那般那」是一種非常好的修行方法，能使人的妄念減少，散心歸於零，進而變成統一心。雖然能夠修到統一心的程度，然而這統一心仍是虛妄心，所以文殊師利菩薩不同意以呼吸法，便能使初修行的人開悟。

舌非入無端，因味生覺了，味亡了無有，云何獲圓通？

舌根，舌頭並不是本身就有味道，而是接觸味道以後，舌頭才會有感覺，沒有味道，舌頭也就沒有感覺了。可見味道與舌頭是因緣和合而成，這兩樣東西不是永遠在一起。以這樣一種不持續、不連貫，而且是分離的東西，怎麼能夠使人開悟呢？

舌頭人人都有，平時不感覺到它的存在，只有在吃東西、嘗味道時，才曉得有舌頭在。在所有的修行方法裡，通常是用眼根、耳根修行，因為這兩根比較敏銳，用舌根修行的人很少，何況在一天之中，除了說話之外，用舌頭嘗味的時間也不多。所以要用它做為一種修定的法門，大概很不容易，剛剛開始修行的人，根本不可能以此修行而得開悟！

身與所觸同，各非圓覺觀，涯量不冥會，云何獲圓通？

身根，能使身體有覺受。身體每一個部分和所接觸的相同，都不是圓覺觀。因為身是身，觸是觸，這兩樣永遠不會合在一起的。身根只有在接觸的時候，才知道它的存在；若是身體沒有和任何東西接觸，身根是不存在的，包括身根對外境的接觸，以及身體對自己各部位的互相接觸。若不接觸，身根就不存在，那個觸也沒有了，所以不可能以這種修行方法而得開悟。

「涯量不冥會」，從時間上看，永遠是；從空間上看，到處都是，但是身體與所觸不會合在一起。譬如我的身體與空氣接觸，這是觸，但是我並不覺得熱，可是看到有些人把衣服脫了，不知道為什麼，我的心裡也覺得熱起來了。這不是因為我的身與觸的關係，不是因為身體與觸發生功能以後，我才曉得熱。有一次在禪修中，我帶著大家在戶外經行，很多人都說很冷，可是大家看溫度計上顯示還有十五度，應該沒有那麼冷才對，所以半天過去了，大家也都沒事，忽然有人說那個溫度計大概壞了，於是大家又都覺得真的是非常冷。可見得身體與觸塵是相當遲鈍的，不會因為真正的觸而產生太大功能。

這段經文說明身體與觸，不會永遠發生功能，因它是非常遲鈍的，所以怎麼能夠以身根而得圓通？事實上，一般修行人也不會用這種方法。可是在「四念住」裡就用身體的覺受來修行。文殊師利菩薩主要的目的，是教我們不要迷信，要從修定的方向來看，如果修定都修不成，怎麼可能開悟？他希望提起人們的智慧，知道觸的功能不是連續的，不是統一的，而是片段、片段的。譬如臉上癢，第一個反應就是希望去抓一抓它，抓了總是舒服一些。本來只是抓一抓，不癢就好了，可是如果連續不斷地一直抓下去，皮膚就會被抓破了。手抓的時候有觸，不抓的時候沒有觸，不可能一直觸下去，因為時間一久，皮膚會遲鈍，就會沒有感覺。所以觸是非常片段，不可能持續的。

知根雜亂思，湛了終無見，想念不可脫，云何獲圓通？

「知根」是六根之中的意根，意根是指思想。所謂雜亂的想法，是意在雜亂地想，根是不會有的。

「湛了終無見，想念不可脫」，第六識從來都見不到第七識，可是直到成佛為止，第六識始終靠著第七識，凡是第六識產生功能作用時，都是因為第七識在後面的支持。這就像我在日本求學時，有人幫助我，給我錢讀書，可是直到讀完為止，也不知道是誰在支持我。文殊師利菩薩指出的問題是說，修行必須從第六意識著力，而第六意識則是靠第七意識而產生力量，然而第六意識從來不知道第七意識是什麼，因此，第六意識怎麼可能自己有力量修行而開悟？

現在我用敘述來為大家畫一個圖：人一共有八個識，如果將第八識畫成一個橢圓形，然後將第六識放在橢圓形的中間，第六識的前面，有眼、耳、鼻、舌、身等五識，因為這五識是靠第六識而發揮作用，所以把前五識連成一排，畫在第六識的前面，各畫一線連接到第六識上。而第七識在橢圓形的反面，牢牢地抓住第八識說：「這是我！這是我！」可是第八識並不知道有個第七識在抓住它。當第六識在外面做了好事或壞事、賺錢或賠錢，結果全都

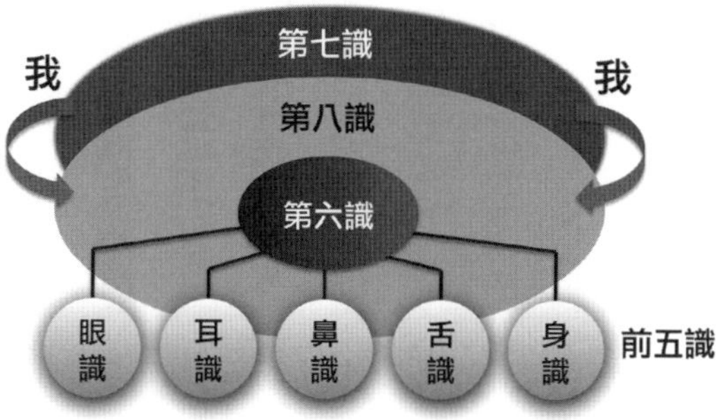

（辜琮瑜繪圖）

要送到第八識這個倉庫裡。第八識本身不起作用，只是讓第六識把東西裝進去、拿出來，可是第七識老是想把第八識抓住當成自己。

五根的根是物質體，一般人認為五根是眼睛、耳朵、鼻子、舌頭、身體，也有人認為是神經，事實上，真正的根不是五官，也不是神經，而是一種物質體所產生的能量。它不是固定的、不是可以分析的，更不是可以拿出來化驗的。

眼、耳、鼻、舌、身五根是物質體，意根則是屬於心，因為第六識的根是第七識，所以它不是物質體，這與前五根的意義不同，我要重新跟大家釐清一下。有些不懂佛法的人，會把意根解釋為第七識，也有人將第七識說成是潛意識，其實第七識不是思考識，不是記憶，不是分辨，它只有一個功能，就是把第八識當成是「我」，其他的全部沒有。因此，潛意識與神經不屬於第七識，第七識從來不會從生活之中表現出來。

問與答

信眾：第七意識是末那識，是自己執著自己，還是執著什麼？

師父：它把第八識當成是「我」，就好像我們把身體當成是「我」一樣。

六識，就是眼、耳、鼻、舌、身、意。眼睛是見，耳朵是聞，鼻子是嗅，舌頭是嘗，身體是觸，意則是思想、思考。

識見雜三和，詰本稱非相，自體先無定，云何獲圓通？

眼識功能的產生，是由三種因緣和合而生——眼根、色塵、眼識，根、塵、識三種和合才能有眼識的作用。這三種都沒有根本的、原來的那個體相。因為眼識的識，不是從眼根所生，也不是從外在的色塵所生，眼根和色塵裡都沒有眼識，它是無法獨自生起來的。既然眼識的自體，眼識的本身不能夠獨立存在，怎麼可能用眼識修行就能得圓通？

心聞洞十方，生於大因力，初心不能入，云何獲圓通？

耳識，普賢菩薩用耳識來修圓通法門，修成以後，十方無量世界無不周遍，無量十方世界所有一切都能聽得清清楚楚，因此而得大悟。可是普賢菩薩並不是因為抱著個耳識就能開悟，他是在因中無量劫，修行無量法門時，特別成就耳朵的耳識。如果普通人一開始就想從耳識修得圓通法門，那是不可能的。

鼻想本權機，祇令攝心住，住成心所住，云何獲圓通？

鼻識，釋迦牟尼佛教難陀比丘把心安住在鼻端的一點上，觀想著鼻端上有白的光。因為難陀比丘一直在想著他過去的太太，心像猴子一樣散亂，佛就告訴他：「不斷地想像鼻孔的頂端有一個白光，不是用眼睛看，而是想像這個白光就在那裡。」結果難陀比丘因此開悟而得圓通。其實，難陀比丘並不是因為鼻識得圓通，而是佛知道難陀比丘的善根成熟，為了方便權巧，就以此做為一種恰到好處的工具，一個方法。你不要以為只是觀想鼻端是白的就能開悟，就能得圓通，他是因為因緣成熟而開悟的。然而文殊師利菩薩認為，住於鼻端的一點，那個心還是有所住，而《金剛經》說「應無所住」，所以難陀比丘並不是因為鼻識而開悟的。

我曾在禪七中講了一個比喻：參話頭，一直要參到疑團完成，自己就在疑團之中。如果邊參話頭邊在路上走，由於在疑團中一直問：「什麼是無？什麼是無？……。」這個疑團很大、很強，此時，突然間有堆鳥大便掉在頭上，因此就知道這個「無」了。那麼，是不是這堆鳥糞就會使人開悟？所以，不要以為某一位菩薩他是怎麼開悟的，就抱著這個方法、抱著這個門，這是開不了悟的！

說法弄音文，開悟先成者，名句非無漏，云何獲圓通？

舌識，這裡不是指嚐味道，而是說法。釋迦牟尼佛的弟子富樓那尊者由於修行的過程中，因緣成熟，所以是用舌頭說法而開悟。說法都是用音聲及語文，他是過去已經開悟的人，並不是因為舌頭上出現的智慧和悟境，通過他的說法而徹悟，獲得圓通。

「開悟先成者，名句非無漏」，「開悟先成者」有兩層意思：用的是已經開悟的人所說的法；自己以前已經開悟，說法時又徹悟證得圓通法門。普通人說法，舌頭即使說破、說爛，也是開不了悟的，因為用的語言、名詞、文句是有漏法而不是無漏法，這是絕對無法得圓通的。

持犯但束身，非身無所束，元非遍一切，云何獲圓通？

身識，優婆離尊者是以身體持戒，主要是在威儀和律儀上。他把握著身體永遠清淨不犯戒，但是如果沒有身體，就沒有什麼可以守的了。而個人的身體是很小的，不可能圓通一切、普遍一切，因此，持戒的人只是一個身體而已，怎麼可能通過身體的持戒而得圓通？優婆離尊者是因為善根成熟，所以這一生持戒就是這一生的法門，結果得到圓通，並不是他一持戒就能得圓通。

神通本宿因，何關法分別？念緣非離物，云何獲圓通？

意識即第六意識，就是思量、分別、執著。所謂「心生種種法生」，意識動，種種煩惱也動；意識不動，種種煩惱則不現。大目犍連尊者就是用意識而現神通，神通自在無礙，則變成圓通。他是因為過去無量劫以來，不斷地修神通及其他法門，只是他最後一生，是以神通第一而得圓通，並不是初入門者用第六識的分別意識來修行，就能夠得圓通的。

第六識所產生的種種妄想與雜念，都不離開物質。所謂「物質」，是有對象的，包括三種符號：1.外在現象；2.語言、文字現象；3.觀念現象。對這三種現象產生所緣境，就產生種種的念；離開所緣境，念就不能產生。如果要用念頭、要用心思，將第六意識變成圓通法門，這是不可能的事。

修行的方法一定要有，修行的門一定要找，找到一門以後，要好好用功。但是在用功時，不要以為找到的那個方法就是目的，不要以為現在所修行的，就是功德、就是成果，這樣很快就能將自私的、自利的、自我的執著心隨時擺下。一邊擺下，一邊還是積極地用佛說的種種方便法門來修行。只問耕耘，不問收穫，努力地修行，不要以為修行就是所擁有的目標。

分享一個發生在臺灣的故事：有位男士大學尚未畢業就做了爸爸，這個「爸爸」是怎麼來的？因為他在馬路上發現一個棄嬰，就將棄嬰送到派出所，過了兩天，派出所打電話給他：「小孩子沒有人領，是你送來的，你就領回去吧！」他那時候還在邊上大學邊送報紙，可是沒辦法，只有把小孩領回去，上課時就把孩子寄放在朋友那兒，下課後再帶回家撫養。這樣過了一年，馬路上又有人撿到棄嬰，有人曉得他很會帶孩子，便請他再養一個。他大學還沒畢業，就做了兩個孩子的爸爸。就這樣，一直到他五十歲時，已經收養了二十個小孩，其中有得博士的、有出國留學的，也有就業的。這個時候他已經退休了，才想到自己做爸爸做了三十多年還沒有娶太太，因為別人一聽到他有那麼多孩子，都不願意嫁給他。有人問他：「別人是養兒防老，你的這些孩子們都長大了，他們對你還孝順嗎？」他說：「阿彌陀佛！把他們養大已經夠麻煩了，我教他們獨立以後不要再來找我。」這個人用法門用到最後，將法門丟掉一身輕！本來他沒有宗教信仰，後來也學佛了。

請問，誰敢自己還沒結婚就帶別人的孩子，而且是一直帶，別人不要的他都要，這真是個傻瓜。這樣的傻瓜，我想修圓通法門的人就是要有這樣子的傻勁！

文殊師利菩薩在說明二十五種圓通之中，有二十四種對初學的人來說是不可能修成功的。除了六塵、五根、六識等十七種之外，還有七大。既然這二十四種都不可能使我們開悟，為什麼還要講呢？事實上，這些都是由於不同的人在不同的狀況下，用了其中適合自己的一種法門做為工具而開悟，此為應機施教，也就是應機而說。因此，能夠聽一聽也是很好的，的確是有這麼多的菩薩選了其中一種法門而開悟。

「七大」，是指地、水、火、風、空、識、念佛。奇怪的是，念佛怎麼會和前面構成眾生身心世界的六種要素放在一起？因為觀想是達成修行目的的方法之門，前面的六大——地、水、火、風、空、識，是用心念觀想六大性質為著力點，念佛則是用心念來緣佛號，以佛號為著力點。

若以地性觀，堅礙非通達，有為非聖性，云何獲圓通？

地大，地的性質是堅硬的，其本身不能夠使人自由，不能穿透而通達無阻。由於有阻礙，所以任何東西都無法互通。而且地是一種物質，與凡夫成為聖人毫無關係，要靠地來變成聖人，這是不可能的。聖人是要靠自己修行，並不是靠著地的堅硬性質而開悟。

但是，曾有一位持地菩薩就是以地大而開悟。他發了一個願心，要把全世界所有不平的路全部弄平，佛見到他以後說：「天下的路是不可能全部弄平的，這個地方弄平，那個地方又不平了；今天弄平，明天又不平了。只有把心的地弄平，走遍天下都是平安無事，心平安了，什麼事都沒有了！」持地菩薩因此就開悟了。有許多人都是持地菩薩，因為路見不平，見到不平的路、不平的事，就趕快要弄平它。

其實，天下的事很少有公平的，你認為是公平，別人不一定覺得公平，如果希望所有的人、事、物都能公平，心裡才會比較安心、痛快，那麼永遠都不會有機會了。所以，容易路見不平的人，心裡總是痛苦、憤怒，這個地方要剷一剷，那個地方要挖一挖，那就非常累了。

有時候看到某個地方不平，說不定那個不平的地就是有人故意做的，它的設計就是那個樣子。有一次，我坐了一輛車到某大學去訪問，一進校園，每一條路都非常古怪，一段、一段的路上都有一種凸形的物體。因為我第一次看到，我就問駕駛的那位居士：「這裡的校長為什麼要把路弄成這樣？」他說：「師父，你真是大驚小怪，這是為了行車安全減速，故意弄成這個樣子的！」因此，不清楚的人認為那個路不平，清楚的人卻認為那個是安全設施。

若以水性觀，想念非真實，如如非覺觀，云何獲圓通？

水大，觀水的性是潮濕的，水的本身就不真實，如果觀水性，只是在用心念觀，但心念的觀想是屬於覺觀的範圍，覺觀只是一種普通的修行法門，所以不可能修得如如的智慧。如如智是實證到一切法的空性、一切法的自在，諸法無礙，稱為如如，它不是靠心念覺觀的力量。所以用觀想水性而得圓通或者開悟，這是不可能的。月光童子是觀水而開悟，但不等於說那個水能夠使他開悟，而是月光童子在修行期間，因為觀水的功能，而在心理上、觀念上產生反應，得到了如如的啟示，然後才開悟的。

我收到一位先生從沙烏地阿拉伯寄來的信。他本來是修內觀，修內觀以後覺得很痛苦，就來和我修學中國禪，卻又遇到了同樣的問題，無法突破。而這封信是告訴我說：「原來我已經拿到了鑰匙，已經在房子裡面，可是我還拿著鑰匙往相反的方向想開門出去，所以弄得自己很痛苦，現在我知道了，我不再痛苦，而且很快樂。」天下本無事，庸人自擾之。所有一切都是自己的心太複雜，心在交戰、心在掙扎，所以會痛苦煩惱。心的觀念轉變，命運和環境也會跟著轉變。如果專門看著水，要水使自己開悟，那麼就算跳到水裡還是開不了悟的。能夠觀察到水有反映、流動、揮發等功能，知道水是那麼地自由，水性遇到任何狀況都能適應而通過，那麼我們的心也可以像水一樣自由自在。月光童子就是如此開悟的。

有一天，有一個人對我說：「師父，我是馬來西亞人，我要回去了。現在我的身體不好，眼睛不好，頭腦很混亂，我該怎麼辦？我去修內觀禪好不好？請告訴我一個方法！」於是我教他念阿彌陀佛。他又說：「念阿彌陀佛就能好嗎？」我說：「阿彌陀佛！我自己的眼睛也不好，身體也不好，最近一切都不好，可是，想在這個世界上過得很舒服是不可能的，除非到西方極樂世界去。如果你的心態能夠平衡，身體上的一些困擾就不會有多大的關係；想要一切問題通通解決，那是不可能的。希望你能這樣想，『雖然有一點不舒服，但還能活著也不錯』，你的身體就會漸漸康復了！」

若以火性觀，厭有非真離，非初心方便，云何獲圓通？

火大，是觀火的性質，火的性質是燃燒與熱。若你不會觀火，任使觀火燃燒，觀的時候火還是火，並不能使你開悟。因此，這一種修行方法並不是剛剛開始修行的人能夠用的。曾有一位烏芻瑟摩比丘，他的淫欲心特別強，他很痛苦，佛告訴他說：「你是被欲火所焚燒，你討厭自己有這種淫欲的心，想用火把淫欲心燒掉，有這種想要丟掉欲火的心在，這是不能真正得解脫的。因為真正的息火，必須釜底抽薪，而不是火上加油、火上加火。淫欲的火本身並不存在，只要能調整心理的觀念，淫欲的煩惱火自然息滅。」烏芻瑟摩比丘聽了佛的開示以後，馬上就開悟了。所以並不是只要觀淫欲的火，一下子就能開悟。

中國禪宗有個公案：一隻牛拉著一輛車子，牛不走，車子就不動，趕車的人沒有經驗，只曉得趕車、趕車，就拚命地打車子，可是再怎麼打，車子還是不動。有人問他：「是牛在拉車，你不打牛，怎麼打車子呢？」這也就是說，修行的方法如果找錯對象，那就南轅北轍，背道而馳。二十五種圓通，門門都是菩薩開悟的門，但是這些菩薩們並不是盯著那個門說「我要進門！我要進門……」，就能進門去了。你們聽了這個公案，一定會認為趕車的人很笨，自己絕對不會如此做的，其實，你們常常是趕著車子，因為你們並沒有看到牛。

經常有人跟我講，他發生了什麼問題，被什麼狀況所困擾，我沒有其他的方法來幫助他們，我只有要他們跳開現在眼睛盯著的那個焦點，換一個方向思考，不一定想要突破它、克服它，最好暫時不管它，使自己舒一口氣，頭腦的智慧就會出現。如果非常急得一定要把當前的問題突破，到最後破的可能是自己的腦袋瓜。

若以風性觀，動寂非無對，對非無上覺，云何獲圓通？

風大，風的性質是動的，從動而知道有非動，從不動而知道有動，這兩個現象是相對的。然而真的有風在動、在靜嗎？事實上，風本身並沒有什麼動與靜，動與靜必定有其原因，但是不需要去理解它。執著風動與風靜，是自己當下起了分別心，而不是風本身有什麼動與靜，如果了解到這一點就能開悟，否則縱然用颶風來吹，用龍捲風來捲，都不可能開悟的。琉璃光菩薩觀風而徹悟，他是觀風的動與靜，知道這是相同的，由於自己的心在動，而有了動與靜之分別，如此琉璃光菩薩就開悟了。

禪宗六祖惠能大師到法性寺時，寺院裡有根旗桿，桿上有面旗子在迎風飄舞。有兩個和尚正在那裡爭論，一個說：「是旗子在動！」另一個說：「旗子是不會動的，因為有風吹著旗子，所以是風在動！」六祖惠能走上前去說：「旗不會動，風也沒有動，是你們兩位的心在動！」這兩個和尚知道來了位高人，就趕著去報告方丈和尚，方丈印宗法師馬上請他進寺裡，並禮請他陞座說法。此時惠能尚未落髮，他就請求印宗法師：「我是個在家人，應該是我來拜你，並請您為我落髮。」六祖惠能因此而成為出家人了！

若以空性觀，昏鈍先非覺，無覺異菩提，云何獲圓通？

空大，虛空藏菩薩因為觀空大而得圓通法門。但是不要誤會，如果我們也去觀空大，所看到的空大是昏鈍的，這不是覺知，不會有開悟的可能，既然跟無上菩提沒有關係，又怎麼可能得圓通呢？

昏鈍就是太虛空。想像中之太虛空，沒有太陽、沒有月亮、沒有星星，什麼都沒有，只有昏與鈍。昏，是黑暗，看不到任何東西，昏昏沉沉的樣子；鈍，是不明朗，照不到任何東西。虛空藏菩薩觀太虛空的時候，體驗到一切萬法都是虛妄的、不存在的，他從虛空而體悟到一切現象自性本空，自性本空實際上就是非空非有，那才是真正的空，這就變成無為法裡的「虛空無為」，而不是有為法看到在天空中的太虛空。虛空藏菩薩所看到、所體驗到的虛空，絕對與一般人用肉眼所體驗到昏鈍的虛空完全不同。他悟到的虛空是明徹通透，沒有一樣東西是真正存在，所以一切法全部都在虛空之中，因此他的名字就叫作「虛空藏」。藏，是藏著，藏著他的悲願，也就是佛的慈悲與智慧，都藏在虛空之中。

若以識性觀，觀識非常住，存心乃虛妄，云何獲圓通？

識大，識是心的活動以及心的事實，心一共有八個識：眼、耳、鼻、舌、身、意、末那識、阿賴耶識。彌勒菩薩觀識而成圓通，然而一般人所看到的識，是心念的活動，心念隨時在動，永遠在動，而且是虛妄不實的。既然是虛妄不實的東西，怎麼可能因它而獲圓通？這是不可能的事。彌勒菩薩觀的唯識，著眼於「三界唯心，萬法唯識」——三界唯心所造，萬法唯識所變，從這方面去審察、去觀想，不僅僅只是看心的活動。

既然知道一切都是由自己的心識所造、心識所變，好的、壞的、善的、惡的，全在於自己的心識，那還有什麼痛苦與煩惱呢？一切歸於自性，這就叫作「轉識成智」，轉變有煩惱、有執著的心識，成為無煩惱、無執著的智識，這就是彌勒菩薩的唯識觀。可是剛剛開始學佛的普通人，所看到的都是分別心、執著心、煩惱心——「我要」、「我不要」；「我喜歡」、「我不喜歡」；「這個是我的」、

「那個不是我的」，無法從心識領悟到、體驗到唯識的道理，所以不可能用觀識而得圓通。

諸行是無常，念性元生滅，因果今殊感，云何獲圓通？

念大，此為大勢至菩薩的圓通法門。「行」是五蘊的行蘊，心的念頭是非常微細的變動和延續，所以念是無常的、是生滅的，不是圓通所悟到非生滅的境。因此，「因」是生滅法，「果」是非生滅法，這是兩回事，這兩樣東西完全不相應，怎麼能用念來修得圓通法門呢？大勢至菩薩用心念來念佛，已到達淨念相繼而不間斷，因此而得圓通。一般人解釋的「淨念相繼」是「阿彌陀佛、阿彌陀佛⋯⋯」，心裡沒有雜念，不打妄想，就這樣一直念下去就能開悟，可是如果沒有圓通，淨念不能相繼，目前雖然靜一下，等一下煩惱又會出來，這是間歇性的。其實，淨念相繼是念頭裡已經不再起任何的煩惱妄念心了。《楞嚴經》講「都攝六根，淨念相繼」，「都」是全部；「都攝」是全部收攝不用，也就是眼、耳、鼻、舌、身、意六根全部不用，這個時候還要淨念相繼。如果念阿彌陀佛能念到這個樣子，那就能開悟，即使不開悟，也能在臨終時往生西方極樂世界。

《楞嚴經》裡有二十五位菩薩因修行而得圓通，每一位菩薩所修的法門都使他們徹底開悟。然而，從文殊師利菩薩的角度來看，他並不否定那些菩薩們得到圓通，而是擔心眾生執迷不悟，聽到二十五種法門，門門都可以得圓通，就抓住那種種方便門不放，認為這樣就得圓通了。所以文殊師利菩薩一門、一門地破，說這不得圓通，那也不得圓通，全部不得圓通。這是文殊師利菩薩慈悲，要破眾生的我執，並不是否定二十五位大菩薩的悟境。

問與答

信眾：念話頭是否也可以「話頭相繼」？念話頭時的妄念，是否也有地、水、火、風的特性？

師父：是可以「話頭相繼」。念話頭時只要念一句話頭就好了，要將地、水、火、風、空、識、念等七大全部丟掉，裡頭有什麼東西出來，不管它，不要給它分析。不過，念話頭而生疑情，不破疑團，僅能入定，不能開悟。

信眾：虛空藏觀虛空，一切無常、一切無我，那麼慈悲與智慧有沒有可能產生？

師父：不是可能，而是一定會產生，因為其中的自我執著什麼都沒有了，必定會產生慈悲與智慧的力量。

第六章　獨特殊勝的觀音法門

我今白世尊：佛出娑婆界，此方真教體，清淨在音聞。欲取三摩提，實以聞中入。

文殊菩薩對釋迦牟尼佛說：「世尊，在佛出現的娑婆世界裡，真正的佛法教體，也就是佛教所依止的根本，是在於用音聞——用耳朵聽，對聲音聞，使眾生能夠得到清淨。因此，如果要進入三摩提的話，還是要從耳朵聞聲音著手。」三摩提就是三摩地，是大乘佛法的定，是佛的定，其實就是圓通。

娑婆，梵文的意思為「堪忍」（kṣama），能夠接受苦、忍耐苦。這個世界處處都是苦，眾生也是在苦海之中生活，然而眾生還願意生活在這個苦的環境裡，以苦為樂，這就是眾生的愚癡顛倒：有時知道苦，又很喜歡、很願意在苦中作樂。娑婆世界的眾生是很矛盾的。

我在中國大陸正當少年的時候，看到一對鄰居夫婦幾乎每天都會吵架、打架，大家覺得這對夫婦很可憐，太太的臉上老是被打得青一塊、腫一塊的，丈夫的身上也被擰得一塊紫、一塊紅的。鄰居們就勸他們說：「你們夫婦倆兒真是怨偶，天天打在一起，還不如分開吧！」他們卻認為別人在多管閒事。有一次，我的母親問那位太太：「你們做怨家做成這個樣子，怎麼還願意在一起呢？」太太說：「唉！妳不知道，我沒有他怎麼行呢？沒有他，我就不能活了！」我父親也問那位先生說：「你們老是打架，還在一起，這多痛苦啊？」先生說：「唉！我沒有太太是不行的。」這真是奇怪的事！不過這種例子不多。人與人之間，很少沒有爭執與衝突，然而在爭執與衝突的情況下，一方面會覺得這是個麻煩，另一方面又會覺得捨不得。所以我們所居住的環境叫作「娑婆世界」，在此世界的眾生都非常可憐，也非常愚癡，明明知道這個環境不好，但是又很喜歡，絕對多數的人，幾乎都是一樣的。

昨天我和一位居士從紐約上州的象岡道場回來，在車上他對我說：「有位法師告訴我，人還不如植物，植物枯了還能變成肥料，人死了不但不能當肥料，屍體還會發臭。」但是一般人在活著的時候，還老是認為自己的身體就是「我」，如果不懂佛法，死了以後，他的魂就守著他的死屍，認為「這是我，這是我⋯⋯」，無論走到哪裡，都帶著死屍的臭味。就像有的人腳很臭，但是他總喜歡摸一摸臭腳丫，再聞一聞腳臭的味道，而且變成一種習慣。娑婆世界的眾生就是這個樣子，明明知道那不是什麼好東西，但還是喜歡。眾生的心，知道苦，卻願意接受苦，所以佛很慈悲，到這裡來告訴眾生離苦得樂的方法。

「此方真教體」，「此方」指的是娑婆世界，在此世界要讓眾生聽到、知道佛法，一定要通過語言，用口來說。因此，真正要將弘揚佛法的功能發揮出來，還是要以語言為根本、為基礎。語言就是用聲音來說，這個就是「真教之體」。

「清淨在音聞」，釋迦牟尼佛以清淨的智慧，發出說法的聲音，能夠讓眾生聽到，也能夠使眾生的心從煩惱轉為清淨。若以煩惱心來講的話，則都是傳播著煩惱，就如以憤怒心、瞋恨心、懷疑心、嫉妒心講出來的話，會讓人聽了很不舒服，很害怕；如果用慈悲心與智慧心說同樣的話，就會讓人感到很溫暖、很安全、很舒服。譬如，下地獄本來是一樁壞事，可是用慈悲心與智慧心講：「下地獄是很可怕的，如果一定要去，必定是發了大悲願才會去地獄！」相反地，如果是詛咒著說：「哼！你下地獄去吧！」叫別人下地獄，這就不是清淨的語言了。又譬如，以讚歎的聲音希望對方趕快成佛，這是好話；如果以憤怒心、討厭心說：「哼！你快要成佛了！」別人還以為你是叫他快點死呢。這就是清淨的聲音與不清淨的聲音不同之處。聽了這兩個例子以後，就知道你平常是用什麼樣的心、什麼樣的聲音在講話，這是非常重要的。用煩惱的聲音講話，自己就是煩惱的，也讓別人生起煩惱來；用清淨的聲音講話，自己是清淨的、快樂的，也能讓別人得到清淨與快樂。

佛講話能夠讓人從煩惱得解脫，從痛苦轉為喜悅，這叫作清淨的聲音。學佛的人也應該朝這個方向去努力。有的人不是故意要傷害人，但他的性格就是如此，只要他講話，就會使人難過、使人痛苦。所以一定要注意講話的聲音，究竟是讓人喜悅還是痛苦？如果是讓人痛苦，就必須要調整一下，學佛的人要以清淨的聲音讓人喜悅。不僅僅是令眾生的心清淨，眾生聽法以後，連講話的聲音也成為清淨的，甚至使得和他一起生活的人也變得清淨了。

「欲取三摩提，實以聞中入」，觀世音菩薩修的耳根圓通，是用耳朵聞聲音，最後進入最高的禪定，那就是佛的禪定。中國禪宗所講的「三摩提」就是「即定即慧」，定是它，慧也是它，而佛的定，即是佛慧，可以和平常生活完全相同的行住坐臥、動靜語默，只是不動執著妄想心，動的只有智慧的功能。

離苦得解脫，良哉觀世音！

「離苦得解脫」，是轉煩惱為智慧，轉痛苦為喜悅，又叫作法喜、禪悅。法喜和禪悅不是普通的喜悅，而是解脫樂，雖然我們仍在娑婆世界，如果能夠不受自己內心的煩惱所困擾，不被外面環境的任何狀況所困擾，對自己不會產生煩惱的反應，這就是解脫。

「良哉觀世音」意為：「真好啊！觀世音菩薩！」觀世音菩薩用耳根聞聲音讓自己得解脫，也能幫助眾生得解脫。觀世音菩薩的兩種解脫方法，是根據《楞嚴經》的耳根圓通修三摩地，以及根據《法華經》中的〈普門品〉，念觀世音菩薩的聖號。若是一開始就要修三摩地，不容易修得成功，聽聲音的時候，聽的都是煩惱的聲音。〈普門品〉說，有任何煩惱與困難時，只要念觀世音菩薩的聖號，就能離苦。我一開始就是念觀世音菩薩的聖號，直到現在，只要有時間，我還是念觀世音菩薩的聖號。雖然，這只是暫時的解脫，但仍必須要從念觀世音菩薩的聖號開始，進一步再修耳根圓通。

念觀世音菩薩聖號有兩類功能：

一是臨時抱佛腳：一有困難才想到念觀世音菩薩來救苦救難，有人甚至阿彌陀佛、觀世音菩薩一起念，不過這樣還是有用的。觀世音菩薩處處都在，隨時隨地都能感應你，所以念總是有用的。

二是念觀世音菩薩，自己也在聽觀世音菩薩的聖號：修行念觀世音菩薩的法門時，出聲念，當然就有聲音；不出聲念，也可以聽到心中的聲音「南無觀世音菩薩！南無觀世音菩薩……」，不斷地念，然後念到只有「我在念」及「我在念觀世音菩薩」。一個是「我」，一個是「觀世音菩薩」的聖號，念到最後，能念的我與被念的聖號不一不二，就進入了三摩地。

> 於恆沙劫中，入微塵佛國，得大自在力，無畏施眾生。

此謂觀世音菩薩已於過去多如恆河沙數劫中，進入微塵數的佛國淨土，因為獲得大自在的不可思議神力，以之布施無畏予一切眾生。

「於恆沙劫中」，這要回到《楞嚴經》卷六一開頭，特別介紹觀世音菩薩是從觀世音古佛那裡得到耳根圓通的觀音法門，所以觀世音古佛和觀世音菩薩的法門是完全相通的。觀世音菩薩從發心修行以來，時間已經過了很久很久，但是他並沒有想到要何時成佛，雖然已經預定觀世音菩薩在阿彌陀佛涅槃以後，將在極樂世界接替其位成佛，然而阿彌陀佛是無量壽佛，過去及未來都還有非常久遠的時間。一粒沙等於一劫，還有像恆河沙那樣數量的時間，觀世音菩薩一直以菩薩身來度眾生。但是觀世音菩薩並不急，而且很有耐心，因為他有機會永遠度眾生，這是觀世音菩薩的本願慈悲。

「入微塵佛國」，到初地以上的聖人以後，有化身及報身這兩種身，他們以報身住於佛國，譬如觀世音菩薩的報身就在阿彌陀佛的極樂世界。報身永遠不動，不會到其他地方去；化身或應化身則處處示現，處處度眾生。佛是法身，聖人與菩薩可以見到佛及自己的法身，但是不會永遠在常寂光的法身之中，而是以報身住於佛國，用化身或應化身來度眾生。微塵實際上就是無量數，一條恆河沙已經很多，一粒沙又可變成許多的微塵，微塵是非常微細的物質。像觀世音菩薩到微塵數那麼多的國土去，有的佛國淨土並沒有凡夫，他是去供養諸佛，親近諸佛；若到有凡夫的佛國淨土，他就去幫忙那些國土裡的諸佛度眾生。就像我們這個娑婆世界是釋迦牟尼佛所教化之國土，觀世音菩薩來此世界幫助佛度眾生，他的任務是上求佛道，下度眾生。

不要說觀世音菩薩要到那麼多的佛國淨土，就是在我們這個世界，就有無量數的眾生需要觀世音菩薩來度。現在地球上的人口有六十多億，觀世音菩薩以種種的身分來度種種性格根器的人。除了人之外，還有餓鬼道、地獄道，十法界的所有眾生，只要需要他，觀世音菩薩的化身處處可現。既然他到處都出現，他要如何指揮那麼多的化身呢？其實他不需要成立一個指揮中心，而是以慈悲的願力、神通自在力，就能隨時隨地處處示現。

「得大自在力」，觀世音菩薩又叫作「觀自在菩薩」，他是從智慧與慈悲的願力而得自在。有些人發了願心，但是做不到，就好比中國人說的「心有餘而力不足」的力不從心，這是由於所修的福德與智慧不夠。福德就是慈悲，多發慈悲心、多助人，福德就能增長。福德力一定要配合著智慧，智慧是用正確的方法和觀念，來處理所有的人、事、物。有了大悲願力，就會產生大慈悲力而得大自在。當我年輕的時候，第一次請我講經的人，費了九牛二虎之力為我宣傳，也只來了八個人聽經。負責人有些失望，還責備自己無能，我覺得很難過，回去告訴我的師父。師父說：「你有一點小聰明，但是沒有福德力。」我聽了很慚愧。從此以後，我隨時隨地想到自己能否給他人帶來什麼好處？到任何地方講經，不會想到能收到多少紅包？有多少人會來皈依？只想到能給聽眾什麼幫助。所以，要得自在，一定要培養大智慧、大慈悲的心；以慈悲心待人，以智慧心處理事，漸漸地就能心想事成了。

當我們不得自在，心想事不成，變成了夢想顛倒，不論是身體的、家庭的、事業的、心理的，遇到阻礙時，都要念觀世音菩薩。觀世音菩薩能夠幫助我們得自在，即使不能得大自在，也可以得小自在。各位知道法鼓山是怎麼來的？由於原來的農禪寺準備拆除，所以我們開始找地，找了八年都找不到，我們就在一次念佛會上，與上千位僧俗四眾一起念觀世音菩薩聖號，以及念二十一遍〈大悲咒〉，念完以後的第二天，就有人來告訴我金山鄉的山上有塊地的訊息。

「無畏施眾生」，在〈普門品〉裡，也稱觀世音菩薩為「施無畏者」。「無畏」的意思是沒有恐懼、害怕、寂寞、失望等情況，所以只要念觀世音菩薩，就能離開畏懼與恐怖。許多人經常生活在不安全的日子當中，恐懼害病、恐懼死亡、恐懼家庭破碎、恐懼生活無著落、恐懼孩子長不大或學不好等等，然而僅僅恐懼是沒有用的，要常念觀世音菩薩，就會遇到貴人的幫助，或者頭腦突然開竅，出現了好的想法，發現不是沒有路走，就不會再擔心害怕了。

舉個例子，紐約有一家連鎖素食餐館老闆的第二個兒子，讀初中時突然腿腫得不能走路，醫生也看不出是什麼毛病，他的母親聽說東初禪寺二樓小禪堂掛的觀世音菩薩像很靈，她就來求觀世音。我對她說：「這幅像跟著我去日本東京留學，就掛在我的房間，我拜他已拜了幾十年了。妳在這裡求，回去後也要時時念！」過了好一陣子，才看到她再來，她跟我說：「師父，你這尊觀世音菩薩真靈，有人介紹了一位醫生，現在兒子的腿已經好了，也能上學了。」其實並不是只有我供的這一尊觀世音菩薩才靈，重要的是你的心。

妙音觀世音，梵音海潮音。

這兩句與《法華經》中〈普門品〉裡的句子完全相同。妙音、觀世音、梵音、海潮音，這四種音全都是讚歎觀世音菩薩的功德。

「妙音」是指觀世音菩薩所傳遞的消息，是非常奧妙及微妙的，觀世音菩薩所到之處，每個人都能得到微妙不可思議的好消息。「無微不至，無遠不屆」，任何一件事情都能處理，無論再遠的地方也都能救助，所以叫作「妙音」。也許有人會想：「像自己這麼渺小的凡人，觀世音菩薩會來救我嗎？」就像臺灣有句諺語：「螞蟻拜天公，無人知。」螞蟻拜天、求天，可是牠太小了，天公看不到牠，牠再求也是無用的。但是觀世音菩薩絕對不會這樣，不論是罪人、善人、小人、大人，只要心一動，希望得到觀世音菩薩的幫助，他就會來給予救濟。

從譯文可以知道，「觀世音」就是觀世間的音聲，四聖六凡一切眾生的音聲，他都能觀察到、接收到，並且平等地對待。觀世音的「音」代表著訊息，訊息可以通過嘴巴用語言來說，訊息也可以透過心聲，代表心的一種力量。「觀世音」是觀世間的音，普遍地觀所有一切的音。譬如，在沒有佛法的時地，眾生不知道有菩薩的名字，那些眾生很苦，希望得到救濟，可是又沒有一個對象，有困難時只會喊著：「救救我吧！誰來救救我啊？」只要有人很懇切地求救，觀世音菩薩一樣會及時去救濟。

「梵音」，印度形容為梵天之音，也就是離欲之音、清淨之音，稱為梵音。觀世音菩薩帶來的聲音絕對是清淨的，帶給眾生的訊息也不會有什麼目的。一般人做任何事，都會有所企求與條件，希望完成以後能得到報酬或回饋，不論是金錢、榮譽、讚歎，這不是清淨的。清淨是沒有條件，純粹為了救濟而救濟。

「海潮音」，凡有海水的地方，就有海潮，定時來、定時退，都有一定的時間。而觀世音菩薩救濟眾生的訊息及力量，就像海潮一樣，有信用、又準時，只要祈求他，他就一定會來，這完全是信仰的一種力量。

修行觀世音菩薩的法門，有三個層次：

（一）用心聽聲音：是普遍地聽，而不是只聽一種聲音。如果心很亂，就把眼睛閉起，安靜地聽四面八方的各種聲音。不是用耳朵特別聽某種聲音，也不給聲音區別——這是人、是鳥、是風、是大人、是小孩、是男人、是女人、是小狗、是小貓……全都沒有分別，聽就是聽，這樣能夠入定。

（二）用耳朵聽聲音：因為沒有分別心，耳朵以外所有的聲音完全平等，不管是大聲、小聲，都沒有聲音，連自己耳朵聽到的天籟之音也沒有了。只曉得在聽，耳朵已經沒有聲音可聽。梵唱、梵唄也叫作梵音，梵唱的聲音能讓心安定下來，不會讓聲音使情緒波動，只是平等地聽，到最後只有自己在聽，但沒有聲音被自己聽到。

（三）沒有聲音可聽，也沒有自己要聽的聲音：內在沒有主觀的我在聽聲音，外在沒有客觀的聲音被我聽，這叫作「聞自性」。自性就是空性，沒有主觀、客觀的存在。聽到自性是空的，即為開悟。

「妙音」是無音之音，無內外之音可聽，這是開悟的悟境。觀世音菩薩是真正的無音，既然無音，無聲音可聽，就是已得解脫自在，也不需要再求、再拜觀世音菩薩了。觀世音菩薩又是「梵音」，他已實證無我，已得開悟，心是清淨的，因為修的是觀音法門，所以觀音法門就是梵音。開悟以後，已無事可做，不必再求觀世音菩薩了，可是既然修的是觀音法門，就應當變成觀世音菩薩的化身，自己就是海潮音，對其他在苦難之中的眾生，隨時給予救濟，適時給予安樂。所以修觀音法門的人，自己就變成了海潮音，觀世音菩薩的功能與慈悲，就在你的身上顯現出來。

第一層次的修行，大家都喜歡，因為觀世音菩薩真慈悲，一有問題，只要念他，他就來了；而第二層次的修行，責任就好重了，如果你認為責任重，就絕對開不了悟，那你還是求觀世音菩薩吧！因為你長不大，永遠是個小娃娃，需要大人照顧，這就不能成為大菩薩了。成為大菩薩的確是有責任，可是沒有事，因為有了責任以後，你有東手、西手，有千千萬萬的手，那個時候是真自在、真自由。

觀世音菩薩是布施無畏的，而《法華經》、《楞嚴經》，以及其他經典講的觀世音菩薩，則是救濟眾生，什麼都救、都給，他用的是種種方便，但主要是用佛法，只有用佛法幫助眾生，才是一勞永逸而徹底的救濟。如果僅僅是用物質或其他的力量，只可以解決一時的問題。觀世音菩薩度眾生時，這兩類幫助都做，暫時的有苦有難，他去救，徹底的苦難，他更需要去救。觀世音菩薩主要是用佛法，幫助眾生脫離生死的怖畏，這才是施無畏的真正意涵。

救世悉安寧，出世獲常住。

觀世音菩薩使得眾生在這個世間能夠安寧、安全、平安，不僅僅在世間得平安，還要離煩惱，出離世間的生死，永遠不再受苦，這叫作「常住」，常住於安寧之中。世間的安寧非常短暫，也非常脆弱，隨時會有無常發生，只有出生死得大解脫以後，才是常住不變的，經常是在安寧之中。

耳根圓通法門的三種真實

《楞嚴經》裡的二十五位大菩薩，每一位的修行法門都很好，但是以觀世音菩薩用耳根來修行的法門是最好的，因為它具備了三個條件：圓滿真實、通達真實、恆常真實。所謂「真實」，不是方便虛妄，而是實在的。

我今啟如來，如觀音所說，譬如人靜居，十方俱擊鼓，十處一時聞，此則圓真實。

這是文殊菩薩稟告釋迦牟尼佛，就像觀世音菩薩所說的，好像有人住在非常平安、寧靜的地方，突然聽到十方世界所有的空間，一起都在打鼓，每個地方的鼓聲都聽得很清楚。這是指人在定中，得到大神通，能聽到十方世界的鼓都在敲，無一處沒有鼓聲，而自己就在鼓的聲音裡。

此處所說的禪定與神通，跟想像中的不同，禪定不一定需要打坐入定，而是心永遠寧靜，永遠不會有分別與執著，這是大禪定；不是用耳朵聽到十方世界的聲音，而是聽到了自性，自性即空性，空性即佛性，這是有大神通之人，也就是已經沒有了任何執著煩惱的人，此為「圓滿真實」。

這裡用的比喻是「十方世界的空間都在敲鼓，也都聽到了鼓聲」，在現實面這是不可能的事。然而十方世界都有自性、空性、佛性，只要開悟，就等於見到一切諸法的空性、一切眾生的佛性，就會覺得非常自在。

我曾遇到一個大家都說他有神通的人，我問他的神通有多大？他說：「要多大就有多大，不論遠近，我都可以聽得到。但是我平常不聽，否則就不能生活了，所以只是選擇性地聽。」我又問他：「世界上有許多軍事、政治、經濟等祕密會議，你也都能聽得到嗎？還有，如果有人請你提供商業或軍事情報，可以賺大錢，你會去聽嗎？」他回答說：「那些祕密會議要有因緣才能聽得到。提供情報雖然可以賺錢，但是違背因果和因緣，這樣的事情我是不會去做的。」其實他跟我差不多，要有因緣才能聽得到，沒有辦法一時之間要聽就能全部聽到。事實上，神通是有的，但不是絕對有用。

這裡所講的神通，是修行以後，對自己的煩惱解脫有大用處，像觀世音菩薩的圓通法門就是最好的，能得解脫，能得自在。神通能夠使人感覺到這個世界除了物質之外，還有精神的層次，增加人們對宗教的信心，由於看到因果的事實，所以神通不是沒有用，但不是用來占便宜的。我參加聯合國世界宗教暨精神領袖和平高峰會（The Millennium World Peace Summit of Religious and Spiritual Leaders）的時候，世界上很多宗教領袖都參與了，在那個場合裡，我感覺到有許多人都是有神通的，可是他們和我一樣，要坐飛機到美國，一樣要辦簽證才能進關，因為如果用神通違背了因果，那就算是犯罪了。

目非觀障外，口鼻亦復然，身以合方知，心念紛無緒。隔垣聽音響，遐邇俱可聞，五根所不齊，是則通真實。

此段介紹耳根的功能比其他五根的功能要好得多。一方面說明耳根的功能，另一方面則藉耳根修行，才能夠真正達到通達真實的目的。

眼根、耳根、鼻根、舌根、身根，加上意根就是六根，這裡用耳根來和其他五根做比較，知道其他五根都不如耳根。六根是眼睛能看、耳朵能聽、鼻子能嗅、舌頭能嘗、身體能接觸，而意根則是心念。前念是後念的根，離開前念，後念就生不起來；因為前面有念，後面的念才會產生。請問，人活著的時候有意識的活動，我們稱之為心或者心念，人死了以後，還有沒有心和念呢？從心念的功能來講，記憶、思惟、思辨、組織、分析都是靠腦細胞，而腦細胞用記憶來加以組織、分析，就變成思惟、思辨，人死以後，腦細胞已死，也就沒有這些功能了。

然而身體死亡以後，還有一種東西存在，稱為「業力」。這種力量是從過去各階段的生命之中，連貫下來的一種自我中心，類似現在的光碟，過去世所有的東西都儲存在內，有人稱它為「靈魂」，其本身沒有意識作用，可是有記錄的功能；不用它，它就沒有作用，只有用它時才產生功能。所以佛經裡說，人活著的時候有六個識，死了以後，前五識完全沒有了，只有第六識仍在。第六識不是腦細胞的記憶與思惟，而是業的作用與功能。業力的功能在中陰身階段是有物質體的，雖然沒有肉體的五根，但仍有根的作用，由於身體不存在，不需要吃與穿，也不怕冷與熱，其他的幾項功能仍然存在，身體障礙的功能卻沒有了。中陰身時段過了以後，如果尚未轉世投胎，這是一種識或靈體的存在，這個靈體有記錄與業識的功能；業識要遇緣才有作用，沒有因緣，他就不產生了。

我曾經有過遇到靈體的經驗，聽到他的聲音，聞到他的味道，但是沒有見到他的樣子。中國人喜歡土葬，屍體爛了以後就會有屍臭。有一次農禪寺做大法會，結果來了許多靈體。有些靈體有一種香味，但多數都是死屍味，非常臭，當時有許多人都聞到了。有一次，靈體還一直跟著我，我叫他們不要跟著我，要去聽經、去念佛，超度他們到西方極樂世界，後來他們就離開我了。這種由業識所構成的鬼神身體，如果你遇上了，就裝著不知道，不睬他，他就會覺得無趣而離開你；其次，也可以對他開示：「五蘊皆空，諸法無我，諸行無常，趕快念佛，放下這裡所有的一切，去到佛國淨土。」假如碰上這些靈體，還和他們做朋友，他們就會黏著你不放了。法鼓山前面的山腳下，有一間土地廟很靈驗，我們經常去為他超度，我也曾去為他說法，後來那裡就不靈了。過去有個工人常去那兒燒香拜拜，不靈以後，他連工作也辭掉不做了。如果有人繼續去拜，那兒還是會靈驗，因為另外的靈體也會來寄居的。那些靈體如果經常能到山上聽經，他們漸漸也會成為三寶弟子而得超度。

「目非觀障外」，眼識觀色，眼睛如果有障礙，就看不到障礙以外的東西。

「口鼻亦復然」，口、鼻二識緣味覺而起作用，舌識不能嘗出障礙以外的味道，因為嘴巴如果有東西擋住，要嘗味道也嘗不到；鼻識聞香，如果鼻子被塞住以後，味道也聞不到。

「身以合方知」，觸是身與塵合而有觸覺，身體一定要直接接觸了東西以後，才能夠有知覺、有感受。

「心念紛無緒」，法是在意念不亂時能夠通達，如果念念都在浮動，就沒有辦法穩定的理解和觀察一樣事物。

「隔垣聽音響，遐邇俱可聞」，唯有耳識與聲塵，雖有隔障，還是能聞，因為耳在聽的時候，聲音會穿透籬笆垣牆，近的、遠的聲音，還是可以聽到。

「五根所不齊，是則通真實」，耳朵的功能是最好的，其他的五根都比不上耳根，所以用耳根修行而能夠見到自性，比用其他的五根更容易。

在所有的大菩薩之中，觀世音菩薩最受我們這個世界歡迎，除了部派佛教時期的上座部不知道有大乘經典之外，其他大乘佛法的系統，不論是漢傳、藏傳，不論是亞洲的中國、日本、韓國、越南，都非常重視觀世音菩薩，這和其修行的法門有關。如果根據觀世音菩薩的法門修行，任何人都可能得到圓滿通達的智慧，在修行成功以後，也會學習著觀世音菩薩聽所有眾生的心聲，幫助眾生、救苦救難。

> 音聲性動靜，聞中為有無，無聲號無聞，非實聞無性。聲無既無滅，聲有亦非生，生滅二圓離，是則常真實。縱令在夢想，不為不思無，覺觀出思惟，身心不能及。

聲音本身並沒有一定的動與不動。在一般人的感覺上，由於聲音的有與無、大與小，好像它是有起滅的。其實，觀世音菩薩首先用耳朵聽外在環境裡所有的聲音，然而聲音有出現，也會消失，表示它是幻現幻失，並沒有真正的一樣東西叫作「聲音」，只是由二、三樣或者更多樣的東西湊合在一起，接觸以後發出的聲音。例如兩掌合拍，就有了掌聲；講話時，由於喉嚨及舌根在鼓動，就有了聲音；外面的風聲、雨聲、水聲，都是由於物物相摩擦才有了聲音。可是在發出聲音的前與後，並沒有「聲音」這樣東西存在，因此，聲音是沒有自性與本性的，但是，因為聲音沒有本性，就說沒有聲音的現象，這也是不對的。

佛法講的「空」與「無」，並不等於真正的沒有，而是講的無常，由於不斷在變，不是真實的存在，只是一種暫時的現象。如果來學佛，聽了我說聲音是空的、假的，從此以後，家裡的孩子哭，就說這是假的，不是真的，那就誤解了佛法的真義。就以人的笑聲來講，通常兒童的笑聲都很好聽，可是大人的笑聲，有時候聽起來會讓人痛苦，有的人會有一種陰陰的笑聲，讓人聽了直發毛。所以，聲音是看人的情緒和心情，才知道產生的是好的或者是壞的聲音，而不能以男的、女的、笑的或哭的來界定、說明或表達聲音的好與不好，這和聽的人的感覺很有關係。

有一次，我在公共場合聽到一個孩子在哭，哭的聲音很大，旁人都覺得很吵，可是孩子的母親聽了卻很高興，因為孩子的身體不好，已經很久沒有哭得這麼大聲了。同樣一個孩子的哭聲，聽在不同人的耳朵裡，感覺卻不一樣，可見聲音本身沒有什麼好與不好。

此段經文講聲音的動與靜、有與無、生與滅。我講話時，聲帶與聲波在動；我休息時，聲音是靜止狀態，此為動與靜。我講話，聲音是有；我不講話，聲音則無，此為有與無。我講話時，聲音產生；我講完以後，聲音就滅，此為生與滅。動、靜、有、無、生、滅，將它分析以後，聲音的本性究竟是有還是無？這只能說是聲音的現象，有因有緣時，它是有的，相反地，也是由於因緣的關係，聲音又沒有了。

「音聲性動靜，聞中為有無」，聲音的性質有動、有靜，有生、有滅，其性質指的是一種現象。用耳朵聽聲音，會曉得現在是有聲音或者沒有聲音。

「無聲號無聞，非實聞無性」，眾生迷惑，所以沒有「聞無性」，沒有聲音的時候，叫作沒有聽到，這不能夠說已經聽到聲音的無性之性，只是沒有聽到內外環境中的聲音而已。「無性」是不生不滅的性，是一切諸法的自性，這個自性與聲音的差別性不一樣，聲音的差別性是性質，這裡的無性則是自性，其實就是空性。

「聲無既無滅，聲有亦非生」，並不因為沒有聲音，那個自性就滅了；有聲音，也不是說自性就生起來了。性無生滅，就叫作「無性」，佛法所謂的「性」有兩種：一種是現象的性質；另一種則是一切現象共同的本性或自性。一切現象共同的本性是空性，都不是真實的存在，也不是完全沒有。任何一個現象不可能永遠不變，永遠不變的只有空性，空性非有非無，亦有亦無——從現象來看，是有的，然而從現象本身的當下來看，它已經不斷地在變，所以不能說是真正的有，這叫作「空」。

我曾看到一張照片，我有一位弟子看了也非常喜歡，因為照片裡都是七、八歲，十來歲的小朋友，他們笑得非常快樂而可愛。我對他說：「你現在是老了，不過你也曾年輕可愛過。」記得在十年前，我去看我的醫師，他告訴我：「法師，再過幾天我就八十歲了，我快要退休，不再替人看病了。」過了一會兒，他的太太出來，他說：「我的太太和我同年。」然後拿了他們兩人的結婚照片給我看。接著他又說：「法師，雖然我們現在老了，可是我們也曾經年輕過。」照片中的醫生只有二十多歲，真是英俊，他的太太也非常美麗。我對他們說：「你們也曾有過年輕的時候，其實這張照片剛照過，你們馬上就不斷地在變，現在老了也不要擔心，我相信『夕陽無限好，不是近黃昏；前程美如錦，旭日又東升』。」他們聽了好高興。其實，這都是生命的一種現象，有生有死、有老有少，這與聲音相同。「因緣有，自性空」，現象是有，一定有生有死，然而生與死之間，除了因緣之外，就沒有其他的東西了。生則生，死則死，而自性是不生不滅的。

「生滅二圓離，是則常真實」，離開生滅，不要把生與滅當成執著的對象，徹底放下心裡的執著，此時才真正能夠體會到永恆不變的佛性與自性，那就是空性。佛性是有的，它的名字叫作自性，然而沒有什麼東西執著的，叫作空性；自性、空性、佛性這三個名詞，叫作真常永恆的真實。

「縱令在夢想，不為不思無」，忘卻外境，動靜無所思，亦非心滅，就像熟睡之人，亦有受外境影響的心念活動。縱然是在睡夢之中，也會聽到聲音，這聽到的聲音，就變成夢境的一部分，使得夢境配合著聲音在做夢。你是否做過這樣的夢？當你睡得不是很深沉，在做夢時聽到聲音，但是聽得不清楚，你沒有想要去聽那個聲音，可是聲音配合著你，變成了你的夢境，這是一種虛幻。然而這種虛幻裡並不是完全沒有，可是那不是真實的東西。

「覺觀出思惟，身心不能及」，覺是聞性之體，觀是聞性之用；覺觀是寂照照寂不被思惟，耳根在夢中一被呼叫，即覺醒過來。思惟是第六散位意識，夢想是第六獨頭意識，與五根俱起為「五俱意識」，此為修行禪定的方法，叫作覺、觀、思、惟。覺，是在聽聲音，聽到聲音為覺；觀，是不斷地、不斷地曉得有聲音為觀。「我知道」為覺，覺照「我知道」為觀，這就是利用耳聞修行。覺觀是有聲音可聽，思惟則進入禪定。用這種方法，在六根中，身根與意根都不像用耳根聽聲音那樣容易進入大乘禪定的境界。

問與答

信眾：如何進入「無」的狀態，而不產生執著？

師父：想進入「無」的狀態，其本身就是執著。首先，心裡沒有想要進入「無」的狀態，然後要用方法，就是只知道捨、捨、捨，捨到最後就無所求了。此外，還要了解什麼是空性、自性、無性，不了解，很可能就變成執著那個空，卻以為是「無」。

信眾：禪定的境界是聽不到東西，或者是什麼東西都沒有？

師父：禪定分為兩類：進入四禪八定是聽不到聲音的，和外境完全無關，而是內心在用方法，只有內心的境界；像佛或者大菩薩那樣的大定，在日常生活之中，不受任何環境影響，這也就是中國禪宗所謂的「禪在平常日用中」。

今此娑婆國，聲論得宣明。

現今凡夫所見到、所住的世界，叫作「娑婆世界」。對此世界的眾生而言，是要通過語言，才能夠溝通彼此的意見，凡夫聽到語言的聲音會執著，然而有善根的人聽到佛的語言聲音都能得解脫。阿羅漢又叫作聲聞，就是聽到釋迦牟尼佛說法的聲音開悟而得解脫。佛法需要用口來說，用耳朵聽；說法之人用聲音，聽法的人是用耳朵。耳根聽聞以後，有的人就能得到解脫，證得阿羅漢果。另有一種人，則是聽了很多的道理與學問，就對此產生執著，認為自己有很多的知識與學問，就被聲音所傳遞的消息所困擾，這就不能得解脫了。人與人之間都是用語言在溝通，本來聲音可以解決彼此間的問題，然而凡夫眾生將他人說話的聲音當成事實而起執著。

「聲論」是印度六十二種外道中的一派，是以聲為真理，因為通過聲音語言的宣導，能使真理顯現。

眾生迷本聞，循聲故流轉，阿難縱強記，不免落邪思，豈非隨所淪，旋流獲無妄？

「眾生迷本聞，循聲故流轉」，由於眾生迷亂沒有聽到本有的聞性，被外在種種聲音影響以後，就造種種的業，然後受種種的果報，不斷地造業、受報，此為流轉。

業有三種：善業、惡業、解脫業。前兩種是有漏業，第三種是無漏業。造有漏業會流轉，造無漏業得解脫。凡夫多半造的是有漏業而得流轉生死的果報，只有少數人能造無漏業而得解脫果。有漏業裡有善業與惡業，惡業是起煩惱心，造種種殺生、搶劫、偷盜、邪淫、妄語等等的惡業，受地獄、畜生、餓鬼的流轉果報。而善業有：持五戒、修十善，可在人間或者天上享受五欲快樂之流轉果報；修禪定的不動業，可享受定中之定樂及生禪定天之樂。以上兩種善業都是有時間性的，欲樂受完以後、禪定的定力退失以後，也就沒有了，都不能持久，只有解脫業所成的解脫樂才是最好的、持久的。

「阿難縱強記，不免落邪思」，阿難尊者聽到佛說的任何一句佛法，他都記得，然而他並未得到解脫。原因是他只聽到聲音，即以音聞的佛法為真理，類似外道聲論師，此跟他自己的智慧及親證自性的生命，沒有一定的關係，所以雖然記得很多佛法，但是在遇到大麻煩時，阿難尊者同樣會有困擾、有煩惱。

有一次，我在講經時對現場的聽眾做調查，那時候我只有三十多歲。還不到四十歲。我看到有幾位聽眾從來不缺席，每次一定早到，還坐在最前面，我想他們聽得這麼有興趣，一定得到很多佛法，於是我就問他們：「你們每次都來，究竟懂得多少？得到多少益處？」其中一個說：「我來聽經，都可以聽到幾句對我有用的話，可是過了一段時間，好像又沒用了。所以我每次都來聽，總是會有些用處的。」另一個說：「師父講得很有道理，我這個人很喜歡用頭腦思考，每次來聽，我的思考就會更深一層，心胸也更大一些，所以我是來聽道理的。」還有一個女孩子，我在講經的時候，她都很注意聽，然後笑一笑，好像滿歡喜的，我以為這個女孩得到了很多佛法的利益。她的回答是：「師父，你講話的聲音很像我已過世的父親，我聽到你的聲音，就想起我的父親，好像父親還在，至於你講些什麼，其實我不知道。」聽了他們三人的回答，都不是我想要聽到的。

但是，還有一位偶爾來的聽眾，他說：「法師講得很有深度，對我們的生活很有用，而且對我平常調伏自我的煩惱也很有用，這是從觀念上告訴我們要如何轉變，教我們方法是怎麼用，這對我相當有用。雖然我很忙不能常來，但是只要有機會，我就會來聽。」這個人雖不常來，倒是真正會聽法的一位。你是哪一類的聽眾呢？

「豈非隨所淪，旋流獲無妄」，應該把用耳朵聽的這樁事，轉變為真正的佛法，那就是聽自性。自性是無性，自性是無執著之佛性，就是從煩惱變智慧，從虛妄變真實，從有漏變無漏。這聽起來似乎很抽象、很神祕，外面的聲音不聽，要聽裡面的聲音，而裡面除了心臟的跳動聲，還有什麼好聽的？心裡面的聲音是萬法共通的自性，不要想像成神祕經驗，只是對現在所聽到的聲音，馬上知道其聲音的本身只是聲音而已，不是使我們起煩惱、執著，或者受影響的。因為聲音就是聲音，聲音裡面沒有任何觀點、意見、思想或內容，因此，不要把聽到之內容當成理論來看，勿把它當成感情來看，勿把它當成自己喜歡與否來看，這只是一種表達及溝通的方法，言說，只是教我們去執的一種工具。

佛法就是教我們聽自性、聞自性，不是不聽聲音，而是在聽的同時，要聽它的自性。

阿難尊者僅是多聞強記，不免執指迷月，執佛語為自性，這豈不是隨著他的迷執而淪為流轉業呢？假如能夠學到反聞諸法自性是空性的話，豈不就能將流轉旋轉過來，而成為無妄的真實見呢！

下面這段經文，是文殊師利菩薩得到佛的加持，代佛說法，主要的聽眾還是以阿難尊者為代表。

> 阿難汝諦聽：我承佛威力，宣說金剛王，如幻不思議，佛母真三昧。
>
> 汝聞微塵佛，一切祕密門，欲漏不先除，蓄聞成過誤。將聞持佛佛，何不自聞聞？

文殊師利菩薩對阿難尊者說：「你要用心聽，我是承蒙佛給我的威神之力，來宣說『金剛王、如幻不思議、佛母真三昧』。」此為同一種三昧的名字，這個三昧叫作「首楞嚴三昧」，也就是「楞嚴三昧」，又稱為「楞嚴大定」，也就是禪宗所說「定慧不二」的大禪定——禪定與智慧不一不二。此為諸佛之禪定，不是一般凡夫或者羅漢的九次第禪定。文殊師利菩薩問：「阿難，你聽過有像無量微塵數那樣多的佛嗎？他們一切的祕密妙法門，就是『金剛王如幻不思議佛母真三昧』。」由於對許多眾生來講，不知道這種法門是怎麼修的，所以叫作祕密，其實是阿難尊者的欲漏沒有先除去，所以對他而言，這是祕密法門。「欲漏」是欲界的五欲或貪欲的心。欲漏如毒藥，人身如器，不先除五欲之毒，器中雖裝甘露，也會帶毒，由於阿難尊者欲漏的心沒有先除掉，即使聽了再多的法門，還是無法知道那個法門是什麼，對阿難尊者而言，是個祕密。所謂「祕密」，是不清楚，因為欲心未先除，聽了以後就會有所誤會。

如何把祕密法門變得不是祕密？如果把佛所講的「佛」，認為在自性之外還有個心外的對象叫作「佛」，這樣是不會知道那個祕密法門的；假如聽到佛所說的「佛」，能馬上轉變過來聽自己內心的自性，自性是無性，就是佛性，聽自己心中有自性的佛，那就是空性，這樣才會知道「金剛王如幻不思議佛母真三昧」不是祕密法門了。

「金剛王，如幻不思議，佛母真三昧」這三句其實是一個名詞，就是楞嚴大定，是佛定的稱謂。「金剛」在印度有兩種意義：一種是能摧破一切堅硬物質的寶石；另一種是護法神王。護法神王有無窮的力量，就叫作「金剛」，他是天上的天神，無敵不摧，任何的魔邪，遇到金剛神都會逃避；寶石中有一種堅硬無比的鑽石，稱為「金剛鑽」，金剛鑽能破所有最堅固的東西。這兩種都是形容此三昧的力量之大，功能之強，能除一切魔邪，所以稱為金剛中的王，比世間所講「金剛」的意思還要強大，是無比的，因此叫作「金剛王」。

「如幻不思議」，幻是變化，謂無而有，雖有若無，觀諸法如幻，不住不著。像大魔術師能變化出無窮無盡的東西，也能變化出無窮無盡的現象。禪宗有個比喻，大悟徹底的人的心，像一面沒有邊、沒有底的大圓鏡，非常明朗，任何東西在鏡子前面出現，就能照出這東西的原狀、原形、原物，並顯現出同樣的東西來。而且它可以千變萬化，從不同的角度，就可以看到不同角度的景色。外境經常在變，鏡子反映的影子也跟著變，而這面鏡子是大悟徹底以後的心，卻是如幻不變的。有句話說「漢來漢現，胡來胡現」，中國人來到鏡子前，現的是漢人；胡是指洋人，洋人來到鏡子前，現的則是洋人。

紐約有位名叫大衛的大魔術師，他的表演包括在大冰塊中挖洞，然後在內靜坐七十二個小時；將一隻死鴿子放在手裡摸一摸、吹口氣，鴿子又飛走了；將一位小姐的戒指放進瓶口很小的酒瓶中；還把正在馬路上走，一個不認識的男孩的女朋友照片畫在肚皮上，把衣服燒個洞，女朋友的照片就在洞中出現等。這樣的魔術還不算是大魔術，我還看過更大的魔術：不需要工具，也不需要東西遮起來，就在一個廣場上，表演者把他的助手的頭，血淋淋地砍下來給大家看；接著又有觀眾點了一桌大陸四川一家上海餐館的菜，他把一個箱子打開，結果熱騰騰、香噴噴的一桌菜就出現了，他還說：「你們可以吃，但是要付錢給這家餐館，裝菜的盤子也要還回去。」後來有人到那家餐館去問，還真有人訂了菜，錢已付，碗盤也收回了。

世界上有許多事讓人驚奇，其實這是一種術，有的人用符咒，有的人用心力，都可以達成目的。不過，魔術畢竟不是金剛王如幻不思議三昧，不是一般凡夫能夠學得到的。「不思議」是無法用語言、用思考來形容、來想像的，有無量無數的變化能力，數不完，也無從數起，這叫作「不思議」。

「佛母真三昧」，文殊師利菩薩就是佛母，是三世諸佛的法身之母，佛的法身又叫作「法性身」。法身的出現是由於有無限而圓滿的大智慧，根據這樣的大智慧就能成佛，而能夠成佛的這種禪定，才是真正的禪定。之所以說文殊師利菩薩是三世諸佛之母，是因為文殊師利菩薩代表著諸佛的無限智慧。

再從另一角度解釋「將聞持佛佛，何不自聞聞」。佛之言教屬外境，能緣佛的言教屬意識，能、所分明見生死因。聞持，是用耳根來聽，聽佛講的話要記住它，佛是講佛的功德，但並不是只有釋迦牟尼佛及一切成了佛的佛才有這種功德。除了釋迦牟尼佛，還有十方世界無量諸佛，如果想到的都是自己以外的許多佛，那就錯了，應該要看看自己內心的佛。根據《大涅槃經》，佛的功德有三種：般若德、法身德、涅槃德，這三種是同時有的，只要得到般若的功德，就能親見法性身之功德，就能得到解脫的功德，就能實證不生不滅之涅槃功德。「般若」是無我的智慧，沒有自我中心的心理反應，沒有自我執著的心理活動——一個是無我的功能反應，一個是無我的活動現象，都叫作般若慧；反應是被動，活動則是主動。「法身」又叫「法性身」，所有諸佛的身體是共同的，叫作「法身德」。法性身，即自性身，即不生不滅的「涅槃德」。

般若無我無相，法身遍在常在，涅槃是無生無滅，圓滿寂靜而解脫自在。這三德是每一個眾生本來具備的，只是沒有發現而已，所以「自聞聞」就是通過修行，各自反聞聞自性，就能夠把各自內心的佛性顯露出來。眾生內心的佛性，無始以來都在睡覺，都在做夢，要請內心的佛醒過來，就需要用方法了。

「自聞聞」的第一個聞字是用耳根，第二個聞字是聞自性。佛說自性是無性，自性是空性，無性與空性就是佛性。佛性顯現，就是見到自性內心的佛，所以用耳根是不可能聽到空性的，不要把耳根向外聽，而要向內聽，不是要聽這些生理及心理反應的聲音，而是要聽自己內心的無聲之聲，聽無音之音，這叫作「聞聞」。

問與答

信眾：現象有現量、比量，而無自性、空、佛、涅槃、無為、不生不滅，為何不能用語言文字來形容？

師父：你問的問題是屬於唯識學。這裡所講的全部是現量，現量是自己內證的經驗，完全是體驗；比量是用語言可以說明的。所以現量是不思議境，比量是可思議的。不思議是一種形容，由於無法形容，所以講不思議。

聞非自然生，因聲有名字，旋聞與聲脫，能脫欲誰名？一根既返源，六根成解脫。見聞如幻翳，三界若空華，聞復翳根除，塵銷覺圓淨。

「聞非自然生，因聲有名字」，「聞」是能緣的攀緣心，耳根與聲音是相對的，用耳根聽了以後，所以有了「聞聽」及「耳根」這個名字。

「旋聞與聲脫，能脫欲誰名？一根既返源，六根成解脫。見聞如幻翳，三界若空華」，觀能聞的聞性，與所聞的聲塵即聞即脫離，而能脫離的又是誰呢？只要六根之中有一根返源歸自性，六根也都成為解脫。六根既皆成解脫，便能實證，三界萬象，只是幻起幻滅，猶眼睛生翳，而幻見空中有花亂舞。若能反聞自性，一切妄想妄境消失，就像把眼翳治好了，那就六塵的妄境消散，而顯現出大覺智慧圓滿清淨了。

「三界若空華」，請勿誤解這個空義。我的一個朋友跟我講：「師父，你好執著，天天講無我、天天講空，既然無我、既然空，可是你一天到晚都在忙這個、忙那個，你是空嗎？是無我嗎？你看我才是真的空、真的無我，我現在每天都可以自由自在地到任何地方玩。我不管人，別人也管不到我，而你既要管人，又要被人管，太不自由了！你講的佛法，對你沒有用！」被他這麼一說，好像也對。接著我問這位朋友：「你在旅行的過程之中，曾經遇到過危險的狀況嗎？」他說：「有的。有一次飛機在太平洋上空突然失速，快下降到海面時，飛機的引擎又可以發動，再往上飛。那一次的經驗太恐怖了，從此以後我就開始學佛！」我說：「你好像是自由的，可是你並沒有從恐懼、害怕中得到自由，因為你怕死！」他不了解佛法講的無我，是沒有自我中心，佛法講的解脫，是從煩惱、恐懼得到解脫，是從自己心的不自由得解脫。所謂心不自由，就是心受環境的影響，而產生種種的痛苦與不自由。

「聞復翳根除，塵銷覺圓淨」，是說要從六根與六根的對象得解脫，並不是不要六根或是不要六根的對象，而是六根及六根的對象接觸的那個現狀就不是真的，當下就把它當成是空，這樣就等於把眼睛的翳病除掉了，看到的東西就是真實的。沒有了翳，就是沒有自我中心的執著，勿把六根接觸到的一切現象，當成是和自我有關，就算有關，也是永遠在變的，這就不會成為引生煩惱的原因了，這叫作除去了六根，也除去了與根相對的六塵境。除去六根的被汙染，除去六塵汙染六根，就能親見圓滿清淨的般若智了，一切的煩惱也跟著消失於無形了。

佛法將煩惱形容為霧、雪、冰，這些東西看起來似乎是真的有，因為有霧時真的看不見，下雪時真的有雪，水也真的會凍結成冰，然而遇到大太陽或者溫暖的氣候時，馬上就會霧散、雪融、冰消。因此，煩惱也不是真常不變的，只要運用佛法的觀念和方法，調整自己的心態，幫助自己的念頭不受環境及身心狀態所困擾，煩惱就沒有了；要完全徹底沒有煩惱，那是成佛，「覺圓淨」就是佛的境界。覺是寂照不二，圓是無法不照，淨是無障不消。

淨極光通達，寂照含虛空。卻來觀世間，猶如夢中事，摩登伽在夢，誰能留汝形？

「淨極光通達，寂照含虛空」，這兩句是接著「塵銷覺圓淨」來講的。「塵銷」是六塵皆銷，六塵對六根的作用不起，也就是身心所處的環境，不再會為自己帶來困擾和執著。到了這種程度，就會得到圓滿的覺悟，是佛的境界。普通人不容易一次覺悟便永遠覺悟，不可能一覺悟就是圓滿的覺悟，也不可能覺悟時，所有從粗到細、從表面到潛在的所有煩惱都清淨了，所以稱為凡夫或初發心菩薩。

「淨極」是超越世間出世間；「光」是心光遍照；「通達」即各各通達、各處通達、隨時通達，是寂而常照，照而常寂，包含十方虛空，無不遍照通達。淨極可有兩種狀況，一種是成佛，另一種則是證獨覺及阿羅漢果位。此處指的是無明全斷的佛果位，成佛才是絕對的「淨極」。

大乘的菩薩為了留在世間度眾生，要用大慈悲心來幫助眾生成佛，就要留一點點煩惱的習氣，叫作「留習潤生」，但不是像凡夫那樣很痛苦的煩惱。大菩薩留些餘習，讓眾生感覺到是跟他們同類，眾生才敢來接觸、來接受、來親近，否則眾生看到這麼高高在上的佛菩薩，會覺得距離很遠而不敢接近了。幾年前，西藏十四世達賴喇嘛到臺灣，許多人都很瘋狂地爭著去看達賴喇嘛，我問那些去看他的信眾看到些什麼？他們說：「就是很喜歡！喜歡看他抓抓頭皮、抓抓手臂、扭扭鼻子，有時候還會扮扮鬼臉！」這就是為了「留習潤生」吧！

「卻來觀世間，猶如夢中事」，圓證圓悟以後，再來返觀世間的一切現象，都如夢境，世間所有一切眾生，都是在做夢，在夢中不知是幻夢，睡醒時始知無有一物是實法。

「摩登伽在夢，誰能留汝形」，《楞嚴經》發生的原因，就是為了摩登伽女，因為阿難尊者遭了她所施的幻術，皆由於阿難尊者多聞不修，以致被淫愛境界所迷。阿難尊者是個出家的比丘，為了一個女孩而幾乎毀了清淨的梵行，到後來被釋迦牟尼佛將他救出來，這對摩登伽女來說，也只是個幻夢而已。有的人在夢裡做了一個夢，再來一個夢，連續的夢，然而對阿難尊者而言，這不是美夢，因為出家人被一個女人迷上，不是件好玩的事，這是個惡夢，結果他是醒了。因此，當阿難夢醒時，就再也不可能被摩登伽女的形體所困擾了，阿難的身體，也不可能被摩登伽女留住了。

從耳根圓通的立場來看，我們所用的語言、文字、聲音，並不代表任何意義，但是每一個符號和每一種聲音都有其意義和特徵。譬如《楞嚴經》，每一句話都代表著一種或多種的意義在裡頭。若以英文來講，一個字母、一個字母拆開以後，就只是字母而已，就沒有意義了。所以，不要誤解《楞嚴經》就只是字而已，如果這樣想，那就是頭腦沒有東南西北，沒有上下次第了。

如世巧幻師，幻作諸男女，雖見諸根動，要以一機抽，息機歸寂然，諸幻成無性。六根亦如是，元依一精明，分成六和合，一處成休復，六用皆不成，塵垢應念銷，成圓明淨妙。

「如世巧幻師，幻作諸男女」，幻化的有，不是真實的有，就好像看到天上有雲、有霧，還有做夢的夢境，這都是有的，然而，天氣晴朗雲就不見、風一吹霧就散，還有夢醒時，夢也不見了。所以，眾生世界現在種種狀況是有的，但它不是絕對的、永久的、不變的，是幻化的有。既然是幻化的有，就知道現在的有只是暫時的，過一段時間就會改變。

中國有句俗語「黃毛丫頭十八變」，女孩子小的時候可能很醜，頭髮黃黃的，看起來像隻醜小鴨，漸漸長大以後，變得愈來愈漂亮，然後結婚生子，做了媽媽，又再變、變、變，慢慢變成一個黃臉婆。我在日本看到一位七、八十歲的老太太，非常地孤獨。有一次我去看她，她給我看她的照片簿，從小的時候到長大結婚，有了家庭，可是到了四十多歲以後的照片就沒有了，後面全部空白，所有的相片，都是她年輕漂亮時的得意之作。她的心老是逗留在那些回憶裡，事實上她已經變了很多，而且快要死了，可是頭腦始終不承認這個事實，所以覺得非常痛苦。你會像她這樣嗎？如果看了《楞嚴經》，大概不會一直再看過去的照片，懷念著以往的歲月吧！

明確地知道是幻有，就能開悟，就能夠轉迷成悟，然後修行佛法，入流亡所，就能把所有的煩惱除盡，最後成佛。這裡面的中心思想，一個是如來藏，一個是真如。真如與如來藏有兩種功能：尚未開悟之前，仍在迷的時候，是煩惱的所依；開悟以後，則是智慧的所依，此為「染淨依」。隨著煩惱就變成眾生，隨著智慧就變成佛。在修行的過程中，清理汙染煩惱的部分，轉變成清淨智慧的功能。重要的是，每一個眾生不管有多大的麻煩、煩惱、痛苦、愚癡，請不要喪失信心，因為愚癡與煩惱的根本，並沒有離開真如、如來藏、佛智。

「雖見諸根動」是說，問題在於六根的身體，與外境的六塵接觸以後會產生反應。因為有身體，一跟外境接觸，會有舒服不舒服、喜歡不喜歡等的反應出現。在此世間，多半好事不太多，壞事卻不少，不好不壞的事情久而久之會讓人覺得很累；相反地，有些事物習慣以後，會覺得愈看愈順眼，愈聽愈舒服，結果又變成喜歡的了。這就有了好與不好的對立。

「要以一機抽」，好像演木偶戲，不是木偶在動，而是牽著木偶的操控器在抽動。世間一切的現象，又像有些高明的魔術師，能夠變化出種種的動物與植物，甚至還能變出人來，有男有女，有老有少，看起來就像真的人一樣。魔術師的變化有兩種性質：一種是用技巧、技術、手法，再加上器具、工具、光線的配合，就能訓練出來；另一種就是真的大魔術，不需要道具、工具，就能夠變出東西來，在古代的中國稱為「奇門遁甲」。例如有人弄一缸水放在這兒，缸中只有水，其他什麼東西都沒有，他拿根釣竿在缸邊釣魚，就可以釣到距離最遠的海洋中的魚，這種魚只有在特定的海中才有，大尾、小尾的魚都能釣到，還可以拿回去煮來吃，這還不是用機器就能釣得到的。我還看過一種魔術，表演的人手裡拿張白紙，先讓大家看看，然後將白紙甩了幾下，變成一張美鈔，再給大家看看是不是真的美鈔，每一個人都看到了，結果傳到最後一個人的時候，拿到的卻又是一張白紙，這不是很奇怪嗎？

《楞嚴經》裡講，要變出人來，可以變出男的和女的，也許大魔術師就有這樣的本領。如果這是真的，或許他們可以在打仗的時候，變一些軍人出來，成為一個軍團去打仗。不過我想大魔術師多半不會做這種事的，因為這是魔術師的一種心力所變，如果叫這些人去打仗，第一個死的可能就是魔術師自己。所以魔術師變出來的東西都是假的，不是真的。

「息機歸寂然，諸幻成無性」，催動六根的道具主體停止活動時，六根的作用也歸於寂靜，它所幻化的諸相，即成無性或空性了。就好比一齣戲或一場舞台劇，台上的演員在演出時似乎是真的，哭的哭、笑的笑，非常逼真，但是結束以後，那些演員出來謝幕，恢復平常人的身分，剛才哭、笑等感情的表達不見了。

最近我在臺灣看了一場為法鼓山義演的舞蹈，是林懷民先生的「雲門舞集」所演出的現代舞劇，劇目名為《竹夢》，演出一個半小時。雲門舞集在今日全球都很有名。在台上表演時的那些舞者，都是古古怪怪的樣子，一點也不像平常人，表演結束，他們故意將整個舞台全部打開，連後台也讓觀眾看，舞蹈者站在台前，一個個又恢復成普通的人，使台下的人不覺得他們就是剛才的那些表演者。然後我上台去謝謝他們，我看看這個，又看看那個，真奇怪，剛才表演時好像不是這一群人。所以，在演出時和真的一樣，演完以後，這齣舞就成了空幻的無性，這就叫作「夢裡明明有六趣，覺後空空無大千」。在夢境裡，六道眾生清清楚楚都是有的，開悟以後，不要說六道的眾生，連無量大千世界的空間也都沒有了。在幻境中，六根是有動作的，幻境消失，幻現的六根也歸於寂靜的無性了。

「六根亦如是，元依一精明」，六根本身不會動，發動六根造善惡業、出生入死乃至成佛的，是被稱為「精明」的佛性如來藏。若以煩惱心來用六根，就會造種種的惡業，帶來種種情緒的苦惱。無明煩惱與智慧佛性，本是同體，若以智慧心來用六根，就能做為修行的工具，就能返回清淨的本源。因此，在修行的過程中，六根只是個工具而已，但是凡夫不了解六根是工具，而把它當成「是我，這是我……」，所以就造了煩惱的業，受種種的苦。

「分成六和合，一處成休復，六用皆不成」，分開是六根，和合則成為人的身體，其中只要六根的集合體休息，而恢復成個別的六根，六根每一根都不會有作用了。由此可知，六根之身是幻有的我，但它是工具。

最近東初禪寺發生一件極有意義的例子：有一位中年女信眾得了末期癌症，全身都是癌細胞，非常地痛苦，然而到最後一天，她還到寺院來做義工，其他的義工也在陪著她，後來她痛到不能動了，才從東初禪寺送去醫院。她在生命的最後一刻，雖然還在看醫生，但也不斷地還在奉獻。我告訴她：「把病交給醫生，把生命交給佛菩薩，自己就沒事了。」所以她還來做義工，把能用的生命用到最後，這種精神非常了不起。這樣的人雖然害了末期癌症，但我認為她是健康的，能將身體用到最後一刻，真不簡單！這就是以六根為工具，好好利用這個如幻的六根，到最後就捨掉，死了以後燒了，燒掉就沒有了，此為幻化。在幻化的過程中，她善用這個身體，也結了許多的人緣，很多人在她過世以後，還在懷念著她。

癌症末期是很痛苦的，當這位義工菩薩死的時候，面部表情不是很好看，但是經過八小時的助念以後，臉孔轉變成紅潤而年輕，還面帶微笑，親友們，特別是她的丈夫看到了，都非常驚奇，因為她的丈夫已經很多年都沒有看到她如此安詳的表情了。這位義工菩薩到最後還在用這個如幻的身體在對她的丈夫和親友們說法。

「塵垢應念銷，成圓明淨妙」，既知六根幻起幻滅，也當知道六塵並無事實，因為六根是對六塵起作用，六根既幻，六塵亦滅，那時即成圓明的「淨妙」，即是佛性的圓成圓顯了。

餘塵尚諸學，明極即如來。

「餘塵」，「塵」是塵勞，是由六根接觸六塵，依無明而起的煩惱，菩薩為了應世度眾生，所以尚留有煩惱塵勞的餘習，稱為餘塵。唯有如來，餘塵除盡，故稱「明極」。菩薩尚沒有完全去除餘塵，所以仍要繼續學習。以聲聞乘而言，初果、二果、三果稱為「有學」；而大乘的菩薩一直到第十地還是有學。聲聞到阿羅漢果位稱為「無學」；大乘要到佛的果位，也就是明極，是最高的，這才是無學，是如來。

「餘塵尚諸學」，此處講的已經是聖人菩薩，一直到圓滿成佛前，都還要學習如何增長智慧、如何增長慈悲。有一次我在臺北講經的過程之中，我說我自己也未斷煩惱，所以很慚愧，要好好地學習。有一位聽經的先生馬上站起來說：「你是個騙子，連你都沒有斷煩惱，還要講什麼經給別人聽？你修行已經很久了，都還沒有斷，如何能教我們怎麼斷呢？」他一生氣就走掉了。他對我的期望，就是希望我承認自己已經成佛，他的要求太高了！我離成佛還很遠、很遠，我只是依據經教，曉得成佛的路該如何走，而且知道如何用佛法調整我的煩惱。像那位先生這樣的人，在世界上還滿多的，認為修行的人都已經斷盡煩惱。在我的立場而言，雖然我在講經，台下是聽眾，然而我看大家都是我的同學、我的同修——同學善知識、同修善知識；同學佛法，同修菩薩道。我們大家彼此互為善知識，我在告訴大家要怎麼學、怎麼修，我也跟著大家在一起，朝向成佛之道，共同修行。這樣你們就不會失望地說我是個騙子了。

天台學派將塵勞的煩惱，分成見思惑、塵沙惑、無明惑三個層次：

（一）見思惑：見惑，是知見上、觀念上的煩惱；思惑是情緒上、感情上的煩惱。見思惑是菩薩乘和聲聞乘等大、小乘共同都要斷的。見惑是思想及觀念的執著，只要聽懂佛法、接受了佛法，就能斷除；思惑則是根深柢固的人的情緒、情結，人在平常無事的情況下可以不生氣，一旦發生利害得失的狀況時，就會動情緒了，比如不滿足、怨恨、憤怒、嫉妒、懷疑等，這些都是屬於思惑的範圍。在認知上縱然明明知道生氣對自己、對他人、對事情都是不好的，結果遇到讓他生氣的事，仍然是暴跳如雷。因此，思惑比較難斷。

（二）塵沙惑：塵沙指的是菩薩應當發悲願度眾生，因為有像塵沙那麼多的無量眾生，所以發不起度眾生的願來，就叫塵沙惑。通常的初發心菩薩，在度了一、兩個眾生，做了一、兩次好事以後，一遇到挫折，馬上就會說：「眾生難度，好事難做，善門難開，我還是自己修行聲聞乘解脫道吧！」這就是塵沙惑。塵沙惑要到八地才能全部斷盡，所以在八地以前，要不斷地發起度眾生的悲願。

（三）無明惑：是非常微細的根本煩惱，是煩惱的根，雖然沒有顯現出來，沒有變成煩惱的心理現象，但是內在並沒有徹底消除煩惱的根本，此為無明。無明要到成佛才能全斷。

對一般的菩薩而言，塵沙惑是很不容易斷盡的，因此要常常發菩提心。尤其是凡夫菩薩，有時候早上剛發菩提心，到晚上就說沒有時間；今年發菩提心，明年又會說時機尚未成熟。比較易斷的是見惑，只要建立正確的知見，就能斷除，見惑斷就進入賢位的階段，要到思惑斷，才能進入聖位的階段。所以，雖然已斷見惑，知道什麼是正見，什麼是不正見，但尚無法控制不讓思惑的煩惱現形，要斷就更不容易了。學佛的人能夠知道自己的知見有問題，就要依據佛法，立即改正，這是修行的第一步，也算是開始修行了，然後，當發生情緒波動時，就要立即用修行的觀念開導自己，同時用修行的方法，把煩惱消融於無形，與伏斷見、思二惑相應了。

大眾及阿難，旋汝倒聞機，反聞聞自性，性成無上道，圓通實如是。
此是微塵佛，一路涅槃門；過去諸如來，斯門已成就；現在諸菩薩，今各入圓明；未來修學人，當依如是法；我亦從中證，非唯觀世音。

以上這段經文，是敘述文殊師利菩薩對當時的聽眾和阿難尊者說：「你們應該把顛倒的知見轉過來，反過來聽聞自己的自性，如果聽聞自性修成以後，即為成佛，所謂的圓通法門，就是這樣子。耳根圓通的修行法門，是一切像微塵數那麼多無量的佛，進入涅槃的同一個門；這種法門是所有諸佛成佛的同一條路，包括過去已經成佛的無量諸佛，包括現在菩薩們正在修行的方法，要進入成佛之門和涅槃之門的同一條路，即使是未來所有的人要學佛及成佛，也應該是這個樣子，不一定只有觀世音菩薩如此，一切諸佛都是如此，連我文殊也是從觀音法門中證得，非僅觀世音菩薩如此修行。」

沒有學佛的人，所用的思想邏輯、思惟方法、觀念成見，是自人類有史以來慢慢累積形成的，因此才有了各地區不同的民俗風情和不同的文化背景。由於歷史、文化、背景不一樣，所以思惟的方法也不相同，這些原則上應該是人類的智慧累積而成。從最早的祖先，一代、一代將他們的經驗變成知識留傳下來，形成現在不同的民俗及文化，這些觀念漸漸演變成各民族的特性與特色。因此，每一個民族有他們自己所堅持的一種想法，與其他民族相處時，就會產生扞格與衝突，這就是世間的現況。

佛法是講無我的，這並不是說不要自己的生命，也不是否定自我以外的所有眾生，主要是從見惑與思惑這兩種煩惱得到解脫，同時要發願度眾生，以伏斷塵沙惑。在心理上與觀念上，必須要將自我的安全及自私的自我中心放下，所以要從自我開始，不是要求眾生、要求他人來接受我，而是自己要接受他人、幫助他人，讓他人也少煩少惱。因此，觀音法門是要我們發動相反方向聽聞的契機，所謂「旋汝倒聞機」，便是「反聞聞自性」。不為自己而為眾生、不為自己而為整個團體、不為自己而為整個社會，這就是菩薩行。

「旋汝倒聞機，反聞聞自性」，此為修行的方法，用修行的方法來達成開悟成佛的目的。修行的方法是反聞自性，修行的功能是發動自性的醒覺。

請不要誤會「反聞聞自性」是聽自己心臟跳動的聲音，這不是自性。這是指內外各種聲音的自性，自性是無聲的、沒有形相的，即是萬法的自性，是空性。外面的任何聲音都可以聽到，但是任何聲音的自性都是空性，既是空性，也即是眾生本具的佛性如來藏，就不能夠困擾你了，不會讓你起貪、瞋、嫉妒、懷疑等煩惱了。曾有一個修行人在家裡不能修行，就住到廟裡去，但廟裡的人還是很多，就離開廟，一個人躲到山洞裡去。在山洞打坐，特別是在深夜時，外邊的風聲、蟲聲也很響，他想這個世界沒有一個地方是可以修行的了，於是就把耳朵塞起來，但是又聽到自己心臟和呼吸的聲音，他就把耳塞拔開，下山去了，從此不相信有修行這樣的事了。

誠如佛世尊，詢我諸方便，以救諸末劫；求出世間人，成就涅槃心，觀世音為最。自餘諸方便，皆是佛威神。即事捨塵勞，非是長修學，淺深同說法。

此為文殊師利菩薩讚歎觀世音菩薩法門的最後一段。文殊師利菩薩說：「就像釋迦牟尼佛那樣，問我在二十五種修行的方便之中，拿來救末法時代那些願意求出世的眾生，也就是祈求出離娑婆世界的人，讓他們成就涅槃妙心——解脫自在的心，就是觀世音菩薩的耳根圓通法門最適合了。除了觀音法門以外，其他的二十四種法門，雖也都是出於佛的威神，或淺或深的說法，並運用各種事相，使修行者出離塵勞的困擾，但皆不是常修、常學的法門。」

例如，因為難陀尊者的心很散，不容易用方法，佛便教他觀鼻端的一點以後，就有了攝心的功能；另有一位弟子阿那律，他最初不會用功，夜裡經常不睡覺，結果把眼睛弄瞎了，佛教他修「照明金剛三昧」，修成以後，便得了天眼通，並證得阿羅漢果，這些都不是一般人所修的法門，而是要有特殊的契機，然而觀世音菩薩的法門，卻是任何人都可以修學的。

頂禮如來藏，無漏不思議。願加被未來，於此門無惑，方便易成就。

堪以教阿難，及末劫沉淪，但以此根修，圓通超餘者，真實心如是。

當文殊師利菩薩讚歎觀世音菩薩的法門以後，接下去又頂禮讚頌曰：「做為諸佛自性的如來藏，有不可思議的無漏功德，願以此加被未來的眾生，於此法門沒有疑惑，既方便而又容易成就。可以教阿難，以及末劫沉淪生死苦海的眾生，但以此耳根修，即能獲得圓通，而超越於其他法門。真心、實心，即是如此證得的。」

「頂禮如來藏」，因為它是諸佛的本源，眾生的本心，所謂「無漏不思議」，是本來清淨的，而它所具備一切諸佛的功德，不可思議。其功能有：能使眾生成佛；成了佛的眾生有大智慧、大慈悲，能夠普度一切眾生。所以佛性如來藏是觀音法門修成功以後，所見到及所悟到的。文殊師利菩薩在頂禮時，願意以如來藏加被一切眾生，使得未來的一切眾生，如果修行觀世音菩薩的法門就不會有困惑、有障礙，而且在修行時容易成就、容易得力、容易成道，所以就以此法門來教阿難尊者，同時也使得未來佛法快要滅時的眾生，都能夠不會永遠在生死之中沉淪。

於是阿難，及諸大眾，身心了然，得大開示，觀佛菩提，及大涅槃，猶如有人，因事遠遊，未得歸還，明了其家，所歸道路。

這段經文是阿難聽了文殊師利菩薩代佛開示以後的回應。意思是說阿難尊者及當時在場聽眾，因為聽了文殊師利菩薩讚歎觀音法門以後，身心豁然了然，他們得到一種很大的啟示，就是去觀想釋迦牟尼佛覺悟之道。其內容其實就叫作「大涅槃」，即是「涅槃妙心」，也就是佛菩提，這與「小涅槃」不同。「小涅槃」是自己求得解脫以後，不管其他的眾生還在受苦，永遠不再到眾生群中來度眾生。觀世音菩薩的耳根圓通法門就是「大涅槃」，這好比說有人因為發生事情而離開家，愈走愈遠，結果忘掉了回家的路要怎麼走，可是聽了觀音法門以後，突然就發現了回家的路。

我就有這樣的經驗。有一次去美國的新澤西州弘法，在回程中，我們明明應該回到皇后區來，結果卻走到布魯克林區去了。我們在那裡轉來轉去，就是轉不出來，後來闖入了一個猶太人區域，他們看到我們這些東方人，又穿了僧服，覺得很奇怪，我們問路時，他們也不理睬，我們就好像是到了一個外星球，不知道要怎麼回到皇后區去。那時候已經是晚上九、十點鐘，天色很暗，我們走在那兒真像一群魔鬼一樣，開著車子到處亂闖，後來是看了地圖才進入皇后區的。另有一次，我去曼哈頓說法，開車的徒弟非常緊張，把車子一停，就跟著我去開示的地方，講完以後，我問他：「車子停在哪裡？」他說：「誰知道啊！」我們就在街上找車子。後來已經準備要坐地鐵回東初禪寺了，很奇怪地，突然間竟發現車子就停在我們身邊。迷路的時候真是很無奈的，我們這些迷失了家的人，看到車子就像聽了觀音法門一樣，發現了回家的路。你有沒有過這樣的經驗呢？

普會大眾，天龍八部，有學二乘，及諸一切，新發心菩薩，其數凡有十恆河沙，皆得本心，遠塵離垢，獲法眼淨。性比丘尼聞說偈已，成阿羅漢。無量眾生皆發無等等阿耨多羅三藐三菩提心。

說法大會上的聽眾裡，有天龍八部；有證到初果、二果、三果的聲聞乘人；有像十恆河沙那麼多數量的新發心菩薩，他們都因為聽到觀音法門，見到自己的本來面目，也就是見到自己的涅槃妙心，或者是見到自己的佛性及如來藏，從此以後，遠離煩惱之塵垢，稱為「獲法眼淨」，全部的人都能夠發起大乘菩薩心，性比丘尼

（即是摩登伽女）因為聞偈而證阿羅漢果。摩登伽女是本經的兩位主角之一，此時她已出家證得三果，聽完文殊師利菩薩讚歎觀音法門以後，就證得了阿羅漢果。還有其他有形、無形的無量眾生，就在這場法會上，都發起無上的菩提心，也就是發起成佛之心，一起來修菩薩道。

阿難整衣服，望大眾中，合掌頂禮，心迹圓明，悲欣交集，欲益未來諸眾生故，稽首白佛：大悲世尊！我今已悟，成佛法門，是中修行，得無疑惑。常聞如來，說如是言：自未得度，先度人者，菩薩發心；自覺已圓，能覺他者，如來應世。我雖未度，願度末劫，一切眾生。

阿難尊者聽完文殊對於觀音法門的讚歎，便從大眾之中站起身來，為了表示恭敬，整理一下衣服，合掌向釋迦牟尼佛頂禮。此時他的心迹圓滿光明，對於不知觀音法門的眾生，他覺得非常悲傷，也對於他自已有幸已聞觀音法門，覺得非常欣喜，故稱「悲欣交集」。於是為了利益未來的眾生，便向佛頂禮，而向佛說：「偉大而慈悲的世尊！我阿難已經悟到，知道什麼是成佛的法門。修行觀音法門已不再有疑惑。我常常聽到釋迦牟尼如來說：『自未得度，先度人者，菩薩發心；自覺已圓，能覺他者，如來應世。』我阿難雖然尚未證到阿羅漢果，也沒有成佛，但已聽聞得度法門，為了所有未來末劫一切眾生，我願意發願來度他們。」

「悲欣交集」，近代中國的弘一大師在往生以前，寫了這四個字。意思是既悲痛又歡喜，「悲」是慈悲心的流露，是因為看到還有許多、許多的眾生沒有聽到佛法，所以悲痛；「欣」是欣喜自己終於知道什麼是佛法，什麼是自己的本來面目，所以歡喜。「悲欣交集」在凡夫而言，是很複雜的一種心情，但在菩薩而言，則是很正常的心懷，在《楞嚴經》裡就有這樣的經句：「一者上合十方諸佛，本妙覺心，與佛如來，同一慈力。二者下合十方一切，六道眾生，與諸眾生，同一悲仰。」這四個字就把整個佛法的功能呈現出來。

此處的「菩薩發心」是初發心，或者是菩薩初發成佛的心，佛經裡用的梵文為「阿耨多羅三藐三菩提心」（anuttara-samyak-sambodhi）。有些來聽經的人，說是被朋友騙來的，騙你來的朋友算不算是菩薩呢？也許他們不知道自己是菩薩，但是要把他當菩薩看。菩薩沒有一定的樣子或一定的等級。曾經有位女士的狗往生了，這條狗是她的寵物，她好傷心，好像是死了自己的兒子一樣，有人告訴她：「找聖嚴法師來超度妳的狗。」後來這位女士就來找我，我對她講了佛法，她雖然還是很難過，但是比較釋懷，不再那麼地痛苦。她的狗算不算是她的菩薩呢？於是我跟她說：「要我超度還不如妳自己超度，因為這條狗對妳的感情是這麼深，所以由妳超度才是最有用的。妳可以來參加修行，像是念佛、打坐、看經、拜懺，將這些功德迴向給妳的狗，牠就已經是被超度了。」由於她很懷念那隻狗，她就照著我的話去做，三年以後，她成為一個非常虔誠的佛教徒，狗的事情，她已經忘了。所以，狗是來度她的，這叫作「狗菩薩」。

「菩薩」初「發心」，「自」己「未得度」，「先度人者」。請問，我是不是菩薩？你自己是不是菩薩？凡已受了菩薩戒，或已誦過〈四弘誓願〉的「眾生無邊誓願度」者，就要承認自己是初發心菩薩，隨時隨地當用佛法幫助自己除煩惱，同時要用佛法幫助他人，使他人免除災難離痛苦，解決問題離煩惱，這都是發心菩薩的菩薩行。菩薩有兩類，一種是「菩薩」，另一種為「菩薩摩訶薩」。任何一個人、一個眾生，只要能夠發心用佛法助人，就是菩薩；用慈悲心自度度人，也是菩薩。菩薩摩訶薩則是已經開悟入聖位的大菩薩，所以我們只是菩薩，還不是菩薩摩訶薩。不過菩薩摩訶薩或者阿羅漢，到世界來應化人間時，通常不會說自己是佛、是菩薩、是菩薩摩訶薩或是阿羅漢。所以中國禪宗的許多大善知識，也絕對不會說自己是佛、是大阿羅漢、是大菩薩。

世尊！此諸眾生，去佛漸遠，邪師說法，如恆河沙，欲攝其心，入三摩地，云何令其安立道場，遠諸魔事，於菩提心，得無退屈？

這段經文還是敘述阿難向佛陳說他的見解，而說：「世尊！尚有很多很多的眾生，在離佛愈來愈遠的時代，而且邪知邪見的老師，又多得像恆河沙數這麼多，要想收攝這些人的心，讓他們能夠進入三摩地這樣的悟境，要如何才能使得這些眾生安住在道場裡好好地修行，而遠離不正見的修行方法呢？如何能讓他們遠離種種魔事呢？如何又能使他們的菩提心不再退失呢？」

「去佛漸遠，邪師說法，如恆河沙」，是預告在佛滅以後，正法漸晦，而邪法橫行，教內教外都有許多的邪師邪說，如何用《楞嚴經》導邪歸正，是重要的任務。何謂「邪師」、「邪法」？凡是違背世間善法、因果法、因緣法，以及不遵守本經下面所說的四種清淨明誨者皆是。

第七章　末世修行的四種清淨明誨

爾時世尊於大眾中稱讚阿難：「善哉！善哉！如汝所問，安立道場，救護眾生末劫沉溺，汝今諦聽，當為汝說。」阿難大眾，唯然奉教。

這段經文是釋迦牟尼佛解答阿難所問。佛於大眾中稱讚阿難：「太好了！太好了！就像你問的那樣，如何使得眾生各自有一種法門，能夠安立於修行的道場，同時也能救度其他的一切眾生，使得那些末劫的眾生不再沉溺在苦海之中。現在就告訴你怎麼做，你要好好地聽。」阿難及大眾聽了以後，一致答稱：「當然，我們會一心奉教。」

前面講的觀音法門，是從「聞、思、修，入三摩地」：聞，就是聽；思，確定曉得要如何做；修，已經了解並且照著去修行。但只是聞、思、修，證入三摩地，若缺少基本生活規範，可能還會出問題，因為在修行的生活過程之中，如果自己的行為不清淨，修行就很可能會入魔境。

佛告阿難：「汝常聞我毘奈耶中，宣說修行，三決定義，所謂：攝心為戒，因戒生定，因定發慧，是則名為三無漏學。」

這段經文是佛告訴阿難，在佛制的律藏之中，宣說修行，有三個決定性的條件：便是以戒攝心、因戒生定、因定發慧，名為「三無漏學」，若離此三原則而說法，便是邪說。

這裡講的三無漏學，其內容是戒、定、慧等三個項目，又叫作「三決定義」。第一條是「戒無漏學」。戒屬於律的一部分，律的梵文是「毘奈耶」（vinaya），是運作戒的規則、規範。戒是一個、一個的項目，或者是一類、一類的條文，梵文是「尸羅」（śīla）。戒，是不能做的就不可以做，必須做的不得不做。定，次第禪定是不生雜念與妄想，心止於一境，在一個點或是一種狀態下，不會有波動與混亂；如來定即禪宗的定，是即定即慧的大定，是念起即覺，覺之即無。慧，遇到任何狀況，當下即覺諸法自性即空性、即佛性，心便不會受其狀況的影響，而生起人我得失的波動；所謂慧的工夫，是在人前人後知道所有的一切事，清清楚楚，明明白白，但是不會受其影響，而生起自我中心的執著。

我曾經遇過一位醫生，他也是一位藝術家，他跟他的太太到寺裡來和我一起用餐。那位醫生非常體貼他的太太，為太太搬椅子、挾菜、倒茶，他還說：「太太是家中的女王。」真是位非常紳士型的醫生。第二次醫生的太太來了，但醫生沒有來，我就對那位太太讚歎她的先生對她真好，她真有福氣，嫁了這麼一個好丈夫。這位太太說：「在外面他把我當女王，回家以後，實際上他是個暴君。」這位醫生人前人後完全不一樣，你遇到過像這樣的人嗎？他是與戒、定、慧三無漏學背道而馳的。

「因戒生定，因定發慧，是則名為三無漏學」，修定的人必須要有戒做為基礎，能以戒來修定，才是清淨的正定，而且還能產生無我的正智慧。如不持淨戒，就可能會在心理上、生理上、精神上，或是生活上發生魔事、魔障。差不多在一九八〇年代，美國的佛教界或者是在西方的各東方宗教團體，曾經有過一次危機，因為在那一段時間，許多有名的宗教團體，發生了兩種狀況：一是性的混亂；二是不當金錢的貪取。在媒體的披露下，聳動一時。於是就有人擔心東初禪寺這個團體是不是也會有什麼問題。我告訴他們：「我的名氣沒有他們大，可是最基本的清淨戒，我們還是會牢牢遵守的，所以我們是沒有問題的。」如果希望真正能發無漏的慧，一定要修正定，所謂正定，則是以持淨戒為基礎的，再以正定為基礎，而產生清淨的正智慧，就是「正慧」。

阿難！云何攝心？我名為戒。

釋迦牟尼佛告訴阿難尊者：「如何使得你攝心入正定？修行就是在鍊自己的心，要如何鍊呢？是以戒為基礎。」佛接著就舉出如下的淫、殺、盜、妄四根本戒，稱為四種清淨的明誨。

一、第一決定清淨明誨——戒淫

若諸世界，六道眾生，其心不淫，則不隨其生死相續。

佛說：「一切世界的六道眾生，若能心中沒有淫欲之念，便能不隨眾生的生死相續流轉。」《圓覺經》也說：「眾生欲脫生死，免諸輪迴，先斷貪欲，及除愛渴。」該經又說：「若諸世界一切種性：卵生、胎生、濕生、化生，皆因淫欲而正性命，當知輪迴，愛為根本，……是故能令生死相續。」與本經所說相同，如能「其心不淫，則不隨其生死相續」了。此處所說的「不隨其生死相續」，指的是不隨貪愛淫欲而相續於六道輪迴的眾生。若為菩薩以願力應現眾生相而度眾生者，則不在此例，因為他們是既不貪戀生存，也不恐懼死亡。其實這樣的菩薩人，已經是出了生死輪迴的，譬如《維摩詰經》的維摩詰居士，雖示現有妻女而淨梵行。

汝修三昧，本出塵勞，淫心不除，塵不可出。縱有多智，禪定現前，如不斷淫，必落魔道：上品魔王、中品魔民、下品魔女。彼等諸魔，亦有徒眾，各各自謂成無上道。我滅度後，末法之中，多此魔民，熾盛世間，廣行貪淫，為善知識，令諸眾生，落愛見坑，失菩提路。

「你們修定的人，本可出離三界塵勞，可惜由於淫心不除，無法出塵離俗。

縱然有多少聰明智慧及禪定現前，如不斷淫，必落於魔道，上品為魔王、中品為魔民、下品為魔女。他們尚不自知是魔，並在眾生群中，各自宣稱已成無上道。」

接下來，佛陀又說：「在佛滅度以後的末法時代，便有許多的魔民，盛行於世間，廣行貪淫，作善知識，使得許多眾生，墮落於愛見坑中，而失卻菩提的道路。」這是預告末世正法衰微而魔法昌盛，魔事魔業，則以貪淫為首，所以要用守護淨戒、斷除淫欲，來使他們攝心。

戒有「別解脫戒」、「定共戒」、「道共戒」三類，別解脫戒有在家戒與出家戒，出家戒能使眾生出離生死，而以四根本戒最重要，即是不淫、不殺、不偷盜、不妄語。

我在臺灣曾經講過《楞嚴經》，正好講到這段經文，便有一對新婚夫婦聽完以後，感到很困惑，就來問我：「法師，我們兩個剛剛結婚，是不是就該離婚呢？否則可能會進入淫的魔道去了。」我告訴他們：「戒有很多種類，有在家戒、有出家戒、有僧俗同受的大乘菩薩戒。在家五戒之中有不邪淫戒，只要夫婦男女互守貞節，只要不犯邪淫、亂淫戒，就不會成為魔民了。」

因為這段經文是以出家的阿難尊者為主要對象，故以出家戒的標準做為要求。

事實上，若想發願出離生死，受持出家戒的不淫欲戒，才能離欲而為出三界的第一步。故在本經的下文稱為「先佛世尊，第一決定清淨明誨」。戒有很多種類，出家人和在家人受戒的範圍不同，層次也不一樣。

戒，實際上是有保護的作用，保護我們生活得到安全，身體得到健康，修行得到順利。出家人的戒以不淫為根本的第一戒，是以離欲來著力修行；在家人的五戒，則以不殺生為第一戒，是以慈悲心開始修行。

汝教世人修三摩地，先斷心淫，是名如來先佛世尊，第一決定清淨明誨。

佛陀繼續叮嚀阿難尊者說：「當你教導世人修習三摩地的時候，應教他們先斷淫欲心，此便是名為如來的過去諸佛世尊，所教導的第一決定清淨明誨。」

「修三摩地」是大乘禪法的定慧不二；「先斷心淫」是不僅身無淫行，心亦無淫念。這是先佛世尊所定，出世間的四種清淨明誨之中的首要者，故稱第一決定性的清淨明誨。「清淨明誨」的意思是出於佛陀無漏智慧的教誨，也是佛陀教誨弟子堅持淨戒的準則。

是故阿難！若不斷淫，修禪定者，如蒸沙石欲其成飯，經百千劫只名熱沙。何以故？此非飯本，沙石成故。

佛陀訓勉阿難尊者說：「阿難！如果不斷淫而修禪定，就好像是想把沙石蒸成米飯，如果是這樣的話，雖經過百千劫長的時間，只能夠稱它為熱的沙石。為什麼呢？沙石本來不是蒸飯的食材。」佛典中常把修行不得其法、不得其要，譬喻為「蒸沙不成飯」，典故當出於此。它本來就不是米，而是沙石。

汝以淫身，求佛妙果，縱得妙悟，皆是淫根，根本成淫，輪轉三途，必不能出；如來涅槃，何路修證？

佛陀向阿難尊者指出：「阿難你以一個帶著淫欲的身體，要想求得佛的圓妙果位，就算你已經得到開悟的經驗，那也是淫的根本，就算你以為真開悟，但根本是淫的話，那你就要到下三道去輪轉，而無有出期了，直到如來涅槃後，你也無路可修證了。」也就是說，阿難如果帶著淫欲的身體，企求成佛，在此過程之中，就算自己覺得好像是開悟了，其實這個悟是跟淫連在一起的，既然跟淫連在一起，你不能成佛，反而是使你在三惡道的地獄、餓鬼、畜生之中，永遠流轉。當如來涅槃後，你又用何路來修證呢？

> 必使淫機，身心俱斷，斷性亦無，於佛菩提，斯可希冀。如我此說，名為佛說；不如此說，即波旬說。

佛說：「一定要使淫欲的動機斷除，而且要身體和心念俱斷，乃至斷的自性亦無，那才能夠企求成佛。如我所說的，就叫作佛說，不照我這樣講的，就是魔王說的。」

斷淫行及斷淫性，是出家人修出世法的梵行，在家人不修梵行，仍可修大乘的禪定，戒邪淫、亂淫，而不禁正常夫婦的生活。曾經有個女孩跟我修行好多年了，後來她來問我：「師父，我在修行禪定，請問你准不准我結婚？如果結婚以後，會不會對修行有妨礙？」我說：「結婚是妳的事，怎麼問我准不准呢？跟我修行禪定的有出家人與在家人，但多半是在家人，所以結婚是很正常的。至於結婚對修行是否有妨礙，難道妳結婚以後，每天都跟先生抱在一起嗎？妳可以早晚打坐，一年之中花些時間來我這裡參加精進的禪修，歡迎你們夫婦一起來。如果經常貪淫，廢了修行禪定，當然會有妨礙！」

一九八〇年東初禪寺還在現址對面的時候，也有個女孩子住在寺院好幾個月，有一天突然對我說：「師父，本來我還準備修行，但現在發現我是不能過修行生活的，因為住在禪寺時，還會想起過去與男朋友接吻的情景，像我這樣的人還能出家、還能修行嗎？《楞嚴經》不是說淫心不斷，就會墮到三惡道去，就不能成佛。而我還沒有斷淫念，不是要墮到地獄去了？」我說：「我沒有要妳出家，妳可以在此修行。妳還是凡夫，心裡有這種念頭，身體並沒有做，就沒有關係了。《楞嚴經》裡是對阿難這樣一位聖者的要求，凡夫要成為聖者，要經過相當長的時間。不論在家或出家的凡夫，在修行的過程之中，一定會起起落落、進進退退，要想一下子就變成聖人，這是很難的。一時間能夠身安、心安，而另一時間又無法身安與心安，這是正常的，因為都還是凡夫，只要一發現，趕快修正它，漸漸地身心就會持續安定了，邪念、妄想，也會愈來愈少的。」重要的是，在家與出家的標準不一樣，凡夫和聖人的標準也不一樣，請不要弄錯，否則就會自尋困擾了。

二、第二決定清淨明誨——戒殺

阿難！又諸世界，六道眾生，其心不殺，則不隨其生死相續。汝修三昧，本出塵勞，殺心不除，塵不可出。縱有多智，禪定現前，如不斷殺，必落神道：上品之人為大力鬼，中品則為飛行夜叉諸鬼帥等，下品當為地行羅剎。彼諸鬼神，亦有徒眾，各各自謂成無上道。

這段經文是講第二決定清淨明誨。佛說：「阿難，所有世界的六道眾生，如果沒有殺心的話，就不會隨著生死流轉繼續下去。你修行三昧，原本就應該出煩惱的塵勞，如果殺心不除，塵勞就不容易出，塵勞起煩惱，就算有很大的智慧出現，或者是禪定現前，如果不斷殺的行為與念頭，就會墮落到神道裡去。上品的變成大力的鬼，中品的變成飛行夜叉及許多鬼的將帥，下品的就變成在地上行走的惡神、惡鬼，稱為羅剎。這些鬼神也各有許多的徒眾，而他們說自己已經成佛。」

「多智」與「禪定」，這個智慧，不是真正得解脫之無我平等的智慧，而是鬼聰明；這個禪定，則是能夠一坐幾個小時不動，甚至在不動的過程之中，還能夠現神通。

「神道」，從佛教的角度和觀點來看，有福德、有智慧的人，就變成到天上的天神，他們有福報、有禪定、有聰明，可是沒有德行，無德就是沒有慈悲心。這樣的神有三種：大力鬼，在空中而不是在天上，因為可以在空中飛行，稱為「空居神」；夜叉，在人間或者在空中飛行，不能說他們是好、是壞，他們有恩不一定會報恩，有仇卻必定報仇；對他們好的人，他們也許會幫助他，對他們不好的人，他們馬上就會懲罰他；羅剎，是只能在人間活動的「地居天」，專門做壞事，對任何人都是破壞的。這三種神是無形的，我們不容易看得到，有時候可能會附著在人的身上，那個人就成為他們的替身、他們的工具，然後再產生其功能。

因此，修行禪定或者修行佛道的人，一定要斷殺，不能有殺的念頭與行為，就是阿難尊者也必須如此做。但是對凡夫而言，就不需要這樣了。曾有位男眾居士皈依三寶以後，聽到五戒的第一條戒就是不殺生，如果有殺生和殺心，即使是有聰明與禪定，也會墮到鬼道，這位居士就跟我說：「師父，我完了，我要變成鬼了！雖然我什麼都沒有殺，可是我在夜裡做夢時，殺了好多螞蟻、蟑螂、蚊子，我的殺心這麼重，將來要變成鬼了。」我說：「五戒的第一條主要是不殺人，而殺人也有輕重差別，是故意的殺或者預謀的殺，還是本來用槍或箭要殺動物，結果有人經過而被誤殺了，所犯的罪是不一樣的。殺業有三個條件：預謀殺人而真的有人被殺死了，是重罪，沒有辦法懺悔；如果是誤殺，可以懺悔；殺的如果是動物，也可以懺悔。佛經又說：『罪性本空由心造，心若滅時罪亦亡。』只要反聞自性，此造罪的心即轉為如來藏的本心，即得解脫。」

我也常常聽到有人提起：「做佛教徒真倒楣，房子裡有蚊子不能趕出去，有蟑螂就跟牠一起住，有螞蟻就跟牠做朋友，因為是佛教徒，又不能殺，就要和那些惹人生厭的小昆蟲生活在一起。」其實，為了保護這些昆蟲，首先，應先清潔人的居住處，不應該培養成為與牠們共生的環境；其次是已經進來的昆蟲，就要請牠們出去。在請牠們出去的過程之中，有些昆蟲很可能會死掉，但只要不是用瞋恨的心，而是用慈悲保護的心，幫助牠們離開隨時會被人類傷害的危險區域。即使你沒有要殺牠們的心，家人們也可能會殺的，所以要請牠們出去。

以前有位先生皈依三寶，同時又受五戒，回家以後，他的行為卻變得滿奇怪的。本來每天他會出去散步或者開車，去看他的母親、孩子、朋友，可是皈依後他哪裡都不去了。他的太太問他：「怎麼你一信佛就變成這個樣子？為什麼連車子都不開了？」他說：「師父講的，五戒的第一條是不殺生，可是我每天出去，不可能不踩到那些小昆蟲，車子開動時，也可能誤殺小動物，所以為了修行、為了持戒，所以我就不出去了。」其實，不殺生戒主要是不殺人，並且只要不是故意用瞋恨心去殺小動物就行了，這是我對現代人持不殺生戒的方便解釋。

我滅度後，末法之中，多此鬼神，熾盛世間，自言食肉得菩提路。阿難！我令比丘，食五淨肉，此肉皆我神力化生，本無命根。

佛對阿難繼續講解不殺生戒：「當我如來滅度以後，在末法時代之中的這個世間，像這樣的鬼神非常之多，非常猖狂，他們自己說吃肉就是證菩提的修行道路。阿難！我曾經對所有的比丘們說過，可以吃五種淨肉，其實這五種淨肉都是我用神力變化所生，它們本來是沒有生命的。」

「末法」，表示佛法的力量很弱，修行佛法、實踐佛法的人跟誤解佛法的人不成比例。譬如《法華經》就提到正法時代和末法時代。正法是釋迦牟尼佛還在世間至涅槃以後大約五百年的時間，都叫作正法時代，那個時候接受佛法、實踐佛法、實證佛法的人比較多，而且人心較單純，接受佛法以後，就能非常認真地實踐佛法，所以他們也容易實證佛法，得到解脫。原則上，在佛涅槃後的一千年起是末法，末法的時間非常長，實踐佛法、實證佛心的人就少了。末法時代的人都希望能夠快速得成就，快速成佛，所以現在有許多人接觸佛法不久，得到少許的身心反應，就以為已經是開悟成佛，成立宗派、自封教主，這是末法時代的現象。

不過，也可以有另外一種解釋法：以地區而言，佛法流傳雖然很廣，實踐、實證佛法的人卻很少，這個地區就是末法；如果流傳、實踐、實證佛法的比例都很高，這個地方就是正法。我發現佛法傳到美國、歐洲的時間只有一百多年，但是接受佛法以後，實踐佛法，一輩子能夠用佛法自利利人的比例較高一些，所以歐美地區現在應該就是正法時代。因此，不要以時間來估算正法或者末法，聽了佛法就實踐佛法，即為正法，否則聽佛法一輩子，只是在聽，沒有去用，即為末法。我們要鼓勵自己是屬於正法的人，不要變成屬於末法的人。

釋迦牟尼佛時代常常說「毘尼住世，正法久住」，毘尼住世就是正法久住。毘尼是律儀，也就是說，學佛之人對戒律能夠重視與遵守，那就是正法久住；如果不遵守毘尼，也就是不遵守戒律，那就是末法。毘尼是保護我們身清淨、語清淨、心清淨的防火牆：身清淨，不做傷害自己、傷害他人的事；語清淨，不說傷害自己、傷害他人的話；心清淨，不要動傷害自己、傷害他人的念頭。能夠這樣，就是遵守佛的教誨，實踐佛的正法了，否則，身、語、意都是在混亂之中，自害害人，那就是在末法時代。

先前看到一則新聞，有一個中年男子與小學的女學生同居，還讓那個女孩懷孕，女孩的父母就控告這名男子，中年人說：「我不是強暴，是你們的女兒同意的、願意的。你們的女兒喜歡我，我有什麼辦法？」他是有家庭的，而女學生卻只有十二歲，最後他還是受到法律的制裁。女孩是無知的，他不僅僅傷害了女孩及女孩的家庭，還傷害了自己及自己的家庭，這都是因為他沒有受五戒、沒有遵守毘尼。

「菩提路」，僅僅是菩提，叫作「覺」，就是覺悟、開悟、解脫，這屬於聲聞乘；而大乘是大菩提，發大菩提心，就是發起成佛的願心。許多人聽到「覺悟」，都希望嘗一嘗，至於如何能夠覺悟，就不想知道了。臺灣曾有個人來跟我講：「法師，我現在事業結束了，錢也賺夠了，我想證阿羅漢果，不知道要多少錢？」他在和我談生意，買一個果位大概多少錢？我說：「你聽誰說來我這裡買果啊？」他又說：「不是有很多地方都說，只要出錢，保證在多少時間內能夠證果，難道你這裡沒有嗎？」我說：「我這裡沒有出賣阿羅漢果，但是我的僧俗弟子很多都叫作『果某』。」師父只能夠告訴你要如何修行，而不是付多少錢，就給一個果位。「路」是修行的方法與過程，聽了佛法以後，照著去實踐佛法，就是行菩提的道路。

「五淨肉」，五種清淨的肉，指的是經律中佛所規定，比丘可以吃五種性質的肉：沒有親眼看到動物被殺，是為了供給自己吃；沒有聽到動物被殺，是為了供給自己吃；沒有懷疑動物是不是為了供給自己吃而被殺的；動物是自己受創傷死亡的；動物是彼此之間互相攻擊、殘殺而死亡的。

曾有五位南傳佛教地區的比丘到臺灣訪問，首先把他們送到我們的寺院來，他們吃了幾天素食以後，實在吃不下去了，有幾位居士非常慈悲地請他們到家裡去，供養葷食。比丘們還講：「請你們拿新鮮的肉給我們吃，但是不要告訴我們是為了我們而殺的，也不要特別指定是要殺了給我們吃。」結果讓這些居士滿困擾的，因為又要新鮮又不能叫別人特別去殺。後來就把那些比丘請到葷菜館去用餐，因為那兒的肉類都是買來的，不是專為這些南傳比丘而屠宰的。這在南傳地區沒有問題，到了臺灣竟成為笑話。

五、六年前，我去訪問一個西藏中心，他們正要做大法會，我看到有許多的雞鴨魚肉正在處理、烹煮，準備法會食用。有位喇嘛來接待我，我問他：「法會要吃這麼多的動物嗎？」他說：「你不要擔心，就算我們不吃，別人也會去吃，這些魚、肉、雞、鴨又不是為我們而殺的，是我們在市場買現成的，何況我們正在做法會，這些動物吃到我們的肚裡以後，牠們就超度了，這是牠們的福報。」這個問題我曾問過達賴喇嘛，他倒不是這麼講的，他說：「吃動物的肉的確不好，最好吃素，可是西藏人在西藏的生活習慣就是這個樣子，沒有辦法。」他曾經吃了一陣子的素，結果身體全部變成黃色，好像得了黃疸病一樣，只好恢復吃葷。他雖然不能吃素，但還是覺得吃素是對的，因為吃動物是慈悲心有問題。但此吃肉的問題，在藏傳佛教地區已經習以為常，不會有人懷疑他們吃眾生肉是一項罪惡。

不過，漢傳大乘佛教中，至少有四部經典提倡不吃眾生肉，特別強調吃素，那就是《楞嚴經》、《楞伽經》、《大涅槃經》、《梵網菩薩戒經》。在毘奈耶裡看到，比丘可以吃五種淨肉，並沒有要求比丘或者在家居士一定要吃素，然而在大乘經典的這四部經都是強調吃素而不吃肉。因此，大乘經典裡講的精神，只有在中國的漢傳佛教實施，其他的地區都沒有。漢地比丘為什麼全部都要求吃素呢？這有一個故事：

在中國陝西省西安市大興善寺附近，有兩座很有名的塔，一座是大雁塔，另一座是小雁塔，現在這兩座塔都還保存在那裡。故事的發生是有一天，寺院的比丘們食物不夠，沒有東西吃，但是他們相信只要祈求菩薩或者護法神，他們就會送食物來了。此時正好有一群雁從天空飛過，比丘們就禱告說：「菩薩呀！你們是菩薩嗎？如果是菩薩，就請你們掉下來給我們吃吧！菩薩就是要捨己度眾生的！」那群雁在他們禱告時，真的全部掉下來，在地上撞死了。那些出家人很感動，菩薩真的捨身度生，如果真的吃那些雁肉，不就是吃菩薩的肉嗎？這是多麼地不慈悲，所以寧可餓死也不吃肉了。這就是比丘吃素的由來。由於這群雁都是菩薩，為了紀念牠們，就起了一座大塔、一座小塔，把這些雁的遺體放在塔內供養，因為牠們都是雁菩薩。

現代人為了身體健康，少吃魚肉是比較好些，膽固醇可以低一點，有些疾病就會減少，這不一定是為了慈悲，而是為了健康。有些人自己不吃魚，但是喜歡釣魚，釣上來的魚再把牠們放回水裡去，覺得很有趣味，像是在一邊釣魚，一邊放生。如果基於慈悲的立場，最好不要自己去殺、也不要去釣。

不吃動物的肉，不一定是中國大乘的佛法如此，在印度的耆那教及基督教的安息日會也都是吃素的。有些主張葷食的人，認為不吃動物的肉，健康和頭腦會有問題，發育成長也差，然而，在印度最會賺錢的，多是耆那教的教徒，教裡有很多有錢的大商人；而安息日會在臺灣創辦的醫院規定，不論進去的是什麼病人，一律吃素，因為他們研究的結果，素食者的療程要比葷食者短。有一位美國作家寫了一本非常暢銷的書，因為他的父親是專門做肉類生意的，所以他知道吃肉有許多的壞處。特別是現在養殖的一些動物，為了使牠們成熟得快，能夠長得又大又重，所以放了許多的藥物在飼料裡，人們間接地在吃那些藥物，所以現在的人為什麼有那麼多古怪的病，可是卻沒辦法化驗出來，因為藥物已經變成那些動物的肉體組織了。

汝婆羅門，地多蒸濕，加以沙石，草菜不生，我以大悲神力所加，因大慈悲，假名為肉，汝得其味。奈何如來滅度之後，食眾生肉，名為釋子！汝等當知，是食肉人，縱得心開，似三摩地，皆大羅剎，報終必沉生死苦海，非佛弟子。如是之人，相殺相呑，相食未已，云何是人得出三界？

「你們這些婆羅門種姓住的地方，不是乾旱就是潮濕，都是些沙子、石頭，草和菜都不會生長，我就以大慈悲的神通力來加持。大慈悲心變化成肉，這是假名為肉，可是味道就像是真的肉一樣。但是，在如來滅度以後，如果還是吃眾生的肉，那還能叫作釋迦牟尼佛的弟子嗎！你們應該要知道，這些吃肉的人，雖然可能在你修行時，心裡得到一些經驗，好像是開悟了，也好像已經證了三摩地，實際上都是一些大羅剎，在此生果報結束以後，一定會再沉淪到生死的苦海，所以這些人都不算是佛的弟子。這些吃肉的人，彼此間互相殘殺、吞噬，永無終了，像這樣子的人，怎麼能夠出三界呢？」

汝教世人修三摩地，次斷殺生。是名如來，先佛世尊，第二決定清淨明誨。

「對於世間的人，要教他們修行三摩地，先斷淫欲，其次應該要斷殺心，不僅僅是身體斷殺業，心也要斷殺念，這是先佛如來教法中，修行的第二個決定清淨明誨。」

是故阿難！若不斷殺，修禪定者，譬如有人：自塞其耳，高聲大叫，求人不聞，此等名為欲隱彌露。清淨比丘，及諸菩薩，於歧路行，不踏生草，況以手拔？云何大悲，取諸眾生，血肉充食？

「所以阿難，如果不斷殺業而修禪定之人，就像有人自己塞住耳朵，高聲大叫，求人不聞，這就是欲隱彌露。清淨的比丘及諸菩薩們，於歧路行，也不會踏到活著的草，何況還用手去拔呢？怎麼成就大慈悲，而還要去割取眾生的肉為食物、喝牠們的血做飲料呢？」

若諸比丘，不服東方，絲、緜、絹、帛，及是此土，靴、履、裘、毳，乳、酪、醍醐，如是比丘，於世真脫，酬還宿債，不遊三界。何以故？服其身分，皆為彼緣；如人食其地中百穀，足不離地。必使身心，於諸眾生，若身身分，身心二途，不服不食，我說是人真解脫者。

「你們諸位比丘，不宜穿著東方（中國）生產的絲棉、絹帛，以及印度生產的靴履、裘毳，飲食印度的乳、酪、醍醐，像這樣的比丘，是真正可以在這個世界上得解脫，還能夠酬還宿債，不再回到三界的凡夫世界來了。為什麼呢？如果你的衣服是用眾生的毛、眾生的皮，或者眾生身體的一部分做的，那你就跟牠的生命結合在一起了。例如人類吃了地上所生產的食物，就不能離開地球了，如果把自身的生命和眾生的身體分開，不穿牠也不吃牠，那我們就能夠真的得解脫了。」

如我此說，名為佛說；不如此說，即波旬說。

「如我以上所說，叫作佛說，若不是照我所講的，就是魔王所說。」

在此世間，汙染環境及破壞環境的，究竟是動物還是人呢？在這個世界上是人多？是牛多？還是豬多？目前全世界的人口有六十五億，每天要製造多少汙染源？

破壞多少環境？譬如，一些國家本身能夠養牛的地方已經不多，就到亞馬遜河流域開發，其中以美國和日本是最多的，反正那是巴西的熱帶雨林，那裡也沒有人，就把那裡的原始森林破壞，每天擴增幾百公頃，亞馬遜河的損失太大。開發以後就成為畜牧農地，生產牛隻、牛乳，供應美國、日本，以及全世界。得利的都是所謂文明世界的人，被破壞的卻是亞馬遜河。這是相當大的問題，亞馬遜河當地的人沒有辦法，他們的力量很小。最近聯合國的一個婦女團體到巴西去開會，來自亞馬遜河流域的一個女青年來參加會議，就在會上呼籲說：「請你們下一次開會，到亞馬遜河看一看，我們已經沒有地方躲了，不只是人類，所有當地的動物都會滅絕，樹林會消失，生產的卻是一批批的牛。而牛又不是給巴西人吃，都給外國人消費掉了！」這是很可憐的事。我們法鼓山也派了一個比丘尼去參加這個會議，他回來告訴我說：「我們以後一定要想辦法去開會！」

曾看到一則新聞報導：中國大陸養雞的雞場，當小雞剛剛從蛋裡孵出來，就以人用的感冒藥給小雞打針，小雞長大就不會感冒了。然後人又吃那種雞肉，好危險啊！將來雞與人害的病都是相同的。其實據新聞報導說，中國大陸農場飼養雞鴨的方式，不是吃「葷」就是吃「素」，「葷」的是把死豬、死魚、死貓、死狗都做成飼料拿去餵那些雞鴨；「素」的就是施打抗生素、雌激素等等。因為雞鴨從蛋裡孵出來以後，如果三個月還不賣出去，就要蝕本，如果能縮短到一個月內，就能出售上市，那是最好的。所以人在吃這些雞鴨時，間接地也在吃「葷」、吃「素」了。有些飼養雞鴨的人為了賺錢，拚命地把這些動物養得肥肥胖胖的；為了一天讓雞生三個雞蛋，一個月要生出九十個雞蛋才能夠本，所以就給牠們吃雌激素了！

在臺灣我有個朋友非常喜歡吃雞，幾乎每天都吃，結果解的大小便都是雞屎的味道，有時候，距離他還有兩、三尺遠，就能聞到雞屎味，連他身上皮膚的分泌物都是雞的味道，所以他無論到哪個地方，狗都會追著不放，認為他身上有雞肉可吃。這個人還沒變成雞，實際上已經是雞的同類了。

為什麼釋迦牟尼佛主張吃素，不吃眾生的肉？當時他並沒有說是為了環保，而強調的是慈悲，我們對自己的身體也要慈悲，第一是從健康而言：一個肉食者的身體跟一個素食者的身體，健康程度是不同的。肉食的人可能肌肉發達、長得粗壯，但是很容易得到種種疾病，那些病多半是從動物的肉裡得來的，因為野生動物吃的東西，以及現代農場牧養的動物飼料，種種在生活環境裡的有很多東西都不適合人類，吃了牠們的肉以後，除了是對眾生不慈悲，對自己也不慈悲。當然，不吃肉的人也會害病，但是身體上的毒素較少一些，因為當那些動物被殺害時，自然而然會有一種恐懼，以及掙扎的憤怒，身上就會產生一種毒素。這種無形的毒素用任何儀器都化驗不出來，吃了便會影響我們的情緒，連生活的品質也會受到影響。

第二是從環保的角度而言：現代有幾種汙染的源頭，最嚴重的是工業汙染，其次是農業汙染，然後是日常生活中所製造的垃圾汙染，還有醫療廢棄物的汙染，這幾種汙染比較嚴重。工業汙染是有辦法改善與避免的；農業汙染主要是種種的養殖，包括陸地上及水裡的養殖，都在汙染環境。只要少吃肉類，乃至不吃肉類，就可避免了；垃圾的汙染，有一部分是因人類吃的葷食所製造的廚餘，成為大汙染源，如果葷食能改為素食，雖然還是會有汙染，但是汙染源比較少，比較容易分解。所以少吃肉，少吃動物，就是保護環境。

我曾看過一則真實的故事：有一位廣化法師已經快七十歲了，一天他跌斷了一隻腳，一跛一跛的，走路時需要拿著枴杖，非常不方便。我好奇地問他：「老法師從小就是這樣子嗎？」他說：「不！我原來是個軍人，過去在中國大陸時當過連長，正好駐防在一個專門養鴨的地方。由於我是連長，所以每天都可以吃十隻到二十隻的鴨子，而我專門吃鴨子的心、肝、舌頭，鴨肉則分給士兵們吃。出家以後，有天晚上我在打坐，突然間來了數千隻鴨子吵我，我想我在打坐，怎麼會有那麼多的鴨子？我還以為附近哪個地方有人養鴨子呢！於是下座去趕鴨子，在趕鴨時我就跌斷腿了，而鴨子突然間都不見了！大概因為我出家做了和尚，所以沒有要我變成鴨子給牠們吃，只討了一條腿去。我很感恩，現在我都勸人不要吃鴨子！」

三、第三決定清淨明誨——戒偷盜

阿難！又復世界，六道眾生，其心不偷，則不隨其生死相續。

「阿難，又有世界的六道眾生，他的心如果能夠沒有偷盜的意念，就可以出離生死，就不再於生死之中繼續受苦了！」

汝修三昧，本出塵勞，偷心不除，塵不可出。縱有多智，禪定現前，如不斷偷，必落邪道；上品精靈，中品妖魅，下品邪人，諸魅所著。彼等群邪，亦有徒眾，各各自謂，成無上道。

佛對阿難說：「你修三昧，本來可以出塵勞而離開煩惱的，如果偷心不除，你是沒有辦法離開這個煩惱的塵世了。縱然有世間的聰明智慧，或者得了深的禪定，如果你的偷心不斷，你一定會墮落邪道中去。邪道有三類：上品邪道會變成精靈、中品邪道會變成妖魅、下品邪道就變成邪人，這都是因為有偷的關係，所以有些邪靈會附到人的身上，而被邪靈附體的人，可能也會有許多的隨從者，他們會自認為已經成佛了。」

所謂「偷」，包括盜劫，所以又稱為偷盜，就是不應該被自己得到的物品，以及權勢、名利、地位，凡是巧取豪奪，均稱之為搶劫或盜取；暗中偷偷地不讓人知道，而竊取他人或公有的東西，據為己有，不管是偷錢、偷名、偷物品、地位勢力，以及動產、不動產，包括貓、狗、鳥，或者是植物、礦物、財寶，凡不與而取，得者都可以名為偷。若是行為上沒有偷，而是在心裡想：「這樣物品最好是想辦法變成我的……。」這就是偷心，雖然沒有做，也沒有告訴人，有了這個念頭也是偷心。

如果是獲得物主的允許而取得的東西，或者是拿物主的廢棄物，就不叫偷，譬如垃圾值不值錢？垃圾是別人不要的東西，有的人卻可以把垃圾變成錢。我曾看過有兩位撿垃圾的人，第一個將撿到的垃圾，暫時堆放在一街邊的角落裡，第二個撿垃圾的人認為那是垃圾，就把那堆有主的垃圾撿回去了，結果這兩個人打起架來。一個說：「你怎麼偷我的垃圾！」另一個說：「垃圾是公家的，是我撿到的。」同樣的垃圾，被一個人撿過以後，第二個再去撿的人，就變成是偷了！❶

我滅度後，末法之中，多此妖邪，熾盛世間，潛匿奸欺，稱善知識，各自謂己，得上人法，誃惑無識，恐令失心，所過之處，其家耗散。我教比丘，循方乞食，令其捨貪，成菩提道。

佛對阿難說：「在我滅度後的末法時代之中，各種妖邪的人在世間非常猖獗、猖狂。」

「潛匿奸欺」，有些人從外表看，就像個有修行、有道德之人，實際上，暗地裡做的是奸邪及欺詐等各種惡業，然而卻自稱是善知識、是聖人、是出世間的解脫者，已經得到解脫之法門，去誘惑那些無知無識，而且不懂佛法的人，就怕別人對他們失去信心。而他們所到之處，一些受誘惑者也都傾家蕩產地供養這些妖邪之人。

「我教比丘，循方乞食，令其捨貪，成菩提道」，我告訴比丘們，到了某處，就在那個地方乞食，這樣才不會使人耗其家產，還令乞食的比丘捨貪，同時也讓一家家的布施者和供養者捨貪，使他們能夠成就菩提道。

「善知識」是能夠使人受其影響，並且指導人認識及修證正確之佛法。「上人法」是人上人所修的法門，這並不是說其地位在一般人之上，而是說他們的修行高出於一般的人。一般人貪、瞋、癡等煩惱都有，「上人」則已經沒有煩惱，比一般人高尚，所以有時候比丘也被稱為「和尚」，就是以和相待之「尚（上）人」。而妖邪的人不論走到哪裡，都是要人們傾家蕩產地供養，這樣的人是行邪門、邪法。

諸比丘等，不自熟食，寄於殘生，旅泊三界，示一往還，去已無返。云何賊人，假我衣服，裨販如來，造種種業，皆言佛法？卻非出家，具戒比丘，為小乘道，由是疑誤，無量眾生，墮無間獄。

這一段是釋迦牟尼佛讚歎或者規定：「諸比丘，不要自己在廚房煮食，應該將自己的身體、生命視為『殘生』，在三界之中到處行腳旅泊。這表示說，要把到此世間，當成是最後一生，這一世往生以後，不會再到這個世界上來了。然而怎麼會有一些偷盜賊心的人，假藉披著我如來的衣服，販賣我如來的佛法，並將假的佛法稱之為如來的佛法，他們已經造了種種的惡業。因為這些人都是未曾受過具足戒的比丘，也不是學小乘道（聲聞道）之人，所以使得無量眾生產生疑惑和誤解，像這樣的人應該會墮入無間地獄。」

「裨販如來」，在此世間，從古至今都會有這樣的人，說自己傳揚的是佛法，修行的是佛法，但是他們的行為和佛法卻背道而馳。雖然他們穿著如來的衣服，也就是比丘衣，在賤價販賣如來的法，但是不照著如來所講的話去做，卻還說他們是合法的，這種人即使在二十一世紀的現在，也到處都有。有的自稱是小乘道，有的根本未曾受過比丘戒，所以使得他們墮落地獄，也使得一些眾生誤入邪門，修學了他們的邪法，造了惡業而墮入了無間地獄。

若我滅後，其有比丘，發心決定，修三摩提，能於如來形像之前，身然一燈，燒一指節，及於身上爇一香炷。我說是人無始宿債，一時酬畢，長揖世間，永脫諸漏，雖未即明無上覺路，是人於法，已決定心。若不為此，捨身微因，縱成無為，必還生人，酬其宿債，如我馬麥，正等無異。汝教世人，修三摩地，後斷偷盜，是名如來，先佛世尊，第三決定清淨明誨。

釋迦牟尼佛說：「我涅槃以後，其中有一些比丘發心修三摩提，就在如來的形像之前，身燃一燈、手燃一指節、身上燃一炷香。佛說這樣的人可以將無始以來的宿債一時還清，從此以後擺脫世間，永遠不再受有漏的生死之苦。這些人雖然尚未寂滅或者進入無上之佛道，然而對佛法有絕對的信心與道心。如果不做這種捨身的小小因緣，即使成為無為之人，必定仍會再到人間償還其宿債。像我釋迦牟尼佛成了佛以後，雖然福報很大，一樣也要還債，譬如我曾沒有飯吃，就以馬吃的麥來維生，這是為了酬償過去所造之惡業。阿難要先教世人修三摩地，然後斷除偷盜的行為，這就叫作先佛如來教法中，修行的第三個決定清淨明誨。」

關於「燃燈」、「燃指」、「燃香」，我需要在此說明一下。在《法華經》、《楞嚴經》、《梵網菩薩戒經》，以及其他幾部經典裡都有講過這種苦行。以此苦行來消除過去的宿業是最快的方式。譬如將肉體的某個部分燃燒，或者燃掉一隻手指，有些地方則鼓勵人們燃頂，在受菩薩戒時，頭上燃一炷香、三炷香，或者九炷香。我是燃了九炷香，燃的時候非常痛，但這是為了發願要行菩薩道，表示寧捨生命不犯戒，是一個很大的決心，同時也可消業。

然而，在今天這個時代，我並不贊成每一個人都必須要燃香或者燃指，雖然我自己是照著去做，也許一時間是有它的功能，至於是不是真的能把歷生的宿債均已還清，這就不得而知了。

> 是故阿難！若不斷偷，修禪定者，譬如有人，水灌漏巵，欲求其滿，縱經塵劫，終無平復。若諸比丘，衣鉢之餘，分寸不蓄，乞食餘分，施餓眾生。

比丘身無長物，不應該有個人的事業、財產、家庭，甚至衣物或食物，都不可藏為私有，多出來的就要交給常住、交給僧團，為大家所公用。公用就是分給那些沒有或者不夠用的人。剩餘的食物，也不要留到明後天再吃，而是施給飢餓的眾生。我看到泰國的廟裡，有許多的流浪狗，當時的印度，也許沒有這麼多的流浪狗，就將多餘的食物，分給鳥、蟲等一些野生動物吃。所以比丘們除了衣鉢以外，不應該再有任何的儲蓄物了。

「水灌漏巵」，巵是裝酒的一種容器，在印度可能就是一種水罐子，在中國沒有這樣的容器，所以借用這個「巵」字做為代替。用水灌入有漏的罐頭或者瓶子，想要將水灌滿，即使是經過無量無數劫，還是無法做到的。這就是說，有偷心的人修行禪定，再怎麼修，也是無法成功的。

於大集會，合掌禮眾，有人捶詈，同於稱讚。必使身心，二俱捐捨；身肉骨血，與眾生共。不將如來，不了義說，回為己解，以誤初學，佛印是人，得真三昧。如我所說，名為佛說，不如此說，即波旬說。

釋迦牟尼佛在楞嚴大會上告訴阿難尊者：「在集會的時候，要合掌向大眾禮拜。即使有人打你、罵你，也要當他們是在讚歎你。你要將你的身與心都布施出去，捨去身心以後，身體的肉、血及骨頭，與眾生是互通的。因此，打你的人、罵你的人，實際上就是打罵他們自己，跟你沒有關係，因為你的身體跟他們已經是共通的。這樣就不會把如來的精要法義，認為是自己的見解，而去誤導初學的眾生，自證證人，自得真三昧。這樣的說法就是佛說，否則就是魔王說的。」

「必使身心，二俱捐捨；身肉骨血，與眾生共」，要廣度眾生的時候，就必須逆來順受地接受眾生的反應與回應，他們可能會打你、罵你，但是要把他們當成是在讚歎你。在《法華經》裡有一位常不輕菩薩，見了人就說：「我不敢輕於汝等，汝等皆當作佛。」可是所有的人看到他，就用棒子打他、用磚塊丟他，而且罵他說：「你只是個普通人，怎麼還來給我們授記呢？」然而，常不輕菩薩還是永遠都在讚歎他們未來必定成佛。像這樣的人，實際上已經把自己的身心都奉獻給眾生了，而且自知跟眾生是同樣的身體，其生命也是共同的。在此之前，經文曾講過「一者上合十方諸佛，本妙覺心，與佛如來，同一慈力。二者下合十方一切，六道眾生，與諸眾生，同一悲仰」，佛與眾生是相同的。有了這樣的心態與認知，就絕對不能把如來講的不了義法，認為是自己知道的佛法，這會使得初學的菩薩們誤解。

四、第四決定清淨明誨——戒大妄語

阿難！如是世界，六道眾生，雖則身心，無殺、盜、淫，三行已圓，若大妄語，即三摩地，不得清淨，成愛見魔，失如來種。所謂：未得謂得，未證言證。

「阿難！像這個世界的六道眾生，即使說身心都沒有以上所說的殺、盜、淫這三種罪行，三清淨行都已圓滿了，並未再做那些壞事，可是如果說大妄語，三摩地是不得清淨的，反而會成為愛見魔。因為心中還有貪的想法、看法，以及習性，就會變成魔王、魔子、魔孫，像這樣的人，便會失去成佛的種性。」所謂妄語，主要是「未得謂得，未證言證」。妄語在十不善法裡，包括妄言、綺語、兩舌、惡口。妄語有大妄語、小妄語、方便妄語等三種：

（一）大妄語：就是「未得謂得，未證言證」，自己沒有得到果位，卻說已經證到了果位，像這樣的人，在這個世界上還滿多的。他們說自己是阿羅漢，是文殊菩薩、普賢菩薩再來、某一尊阿羅漢再來，也有的說自己是某尊佛的轉世，這叫作「未得謂得，未證言證」。自己並沒有實證到禪宗所講的空性、佛性、菩提性等經驗，也沒有證到《楞嚴經》所講的「反聞聞自性」。見性之人，心中是無物的，唐朝的六祖惠能大師曾說過以無念為宗。何謂「無念」？無念就是見性，是「念起即覺，覺之即無」。念頭是自我中心的一種執著，如果發現念起，能夠即覺，亦即曉得有這個念頭出現，馬上觀照，知道這個念頭是不對的，便即止即無。既然覺悟到這個念頭是錯的，念頭就會消失，自我中心當然也就消失了，此為無我的出現、無我的實證。若是尚沒有這種實證經驗程度的人，卻說自己已經證到了，這就是大妄語。

（二）小妄語：隨便講了一句不是事實的話，但是不會影響他人，也不會影響自己生起煩惱。

（三）方便妄語：用一句話來誘導人進入佛法之門，學到所有的佛法，就是方便。真正的佛法是無法可說，有法可說的都是方便。因此，有禪宗的人講釋迦牟尼佛是個大騙子，騙一切眾生都能夠學習佛法，能夠出三界。就像「黃葉止啼」，拿著一片樹葉對哭著的嬰兒晃幾下，讓嬰兒對樹葉產生興趣，覺得很好玩，吸引了他的注意力以後，就不哭了；另有《法華經》講的羊車、鹿車、牛車等，也都是方便門。方便說有三乘、五乘，事實上只有一乘，就是見到佛法的佛性，其他的三乘並沒有真正地圓滿。

或求世間尊勝第一，謂前人言：我今已得須陀洹果、斯陀含果、阿那含果、阿羅漢道、辟支佛乘、十地地前諸位菩薩。求彼禮懺，貪其供養。是一顛迦，銷滅佛種，如人以刀斷多羅木，佛記是人，永殞善根，無復知見，沉三苦海，不成三昧。

佛對阿難說：「或者有人想要求得世間第一尊貴、第一殊勝，然後在他人面前說：我現在已經得到聲聞的須陀洹果（初果）、斯陀含果（二果）、阿那含果（三果）、阿羅漢道（四果）、辟支佛乘（緣覺）、十地的菩薩位，以及地前的菩薩位，都是為了讓在面前出現的人能夠向他禮拜、懺悔，並且貪圖得到這些人的供養，也就是為了名聞利養而說了大妄語，這種人是一顛迦，即是斷佛種性之人，不能夠成佛，就像用刀把多羅木砍斷，佛說這些人永遠把善根毀滅了，不再知見真正的佛法，永遠沉淪到三惡道的苦海之中，他們修行三摩地是無法成就的。」

「一顛迦」又稱「一闡提」，在唯識宗來講，是永遠不能成佛的眾生。這種人已經斷了學佛的善根，已經沒有成佛的可能性。

「多羅木」又名「多羅樹」或「貝葉樹」，南印度有這種多羅樹，樹身長得都是葉子，非常地綿密，有點像棕櫚樹，但又不全像。多羅樹的樹葉子直接長在樹身上，可以一層、一層地剝下來。每一片葉子的長度大約一尺半至二尺，寬度約二寸至三寸以上，印度人拿它來書寫經文，叫作「貝葉經」或者「貝文」，翻成中文是從此岸到彼岸的「岸」字。如果將樹從中砍斷，或者攔腰斬斷，樹就活不成了。

我滅度後，敕諸菩薩，及阿羅漢，應身生彼末法之中，作種種形，度諸輪轉。或作沙門、白衣居士、人王、宰官、童男、童女，如是乃至淫女、寡婦，姦、偷、屠、販，與其同事，稱讚佛乘，令其身心，入三摩地。終不自言：我真菩薩，真阿羅漢，洩佛密因，輕言末學。惟除命終，陰有遺付。

釋迦牟尼佛會令菩薩及阿羅漢們，在佛滅度以後，以應化身生到末法之中，成為種種的形相，目的是要度這些流轉生死之眾生。或作沙門、白衣居士、人中之王、宰官、童男、童女之相，乃至作淫女、寡婦、姦人、偷盜者、屠夫，以及販夫走卒等。變成他們的樣子，跟他們同事，是要向他們讚歎大乘的佛法，令其身心進入三摩地，終不自言：「我是真菩薩！」、「我是真阿羅漢！」不會洩漏佛的祕密與因緣，也不輕易洩漏給末世之中，剛剛開始學佛的末學人。唯有一個例外，就是他們在臨命終時，如果有需要，會暗示他們是什麼菩薩或者什麼阿羅漢再來，是來度化眾生的，講完以後隨即往生，這樣就不會造成轟動，讓大家都來膜拜他們。

在《普門品》中，觀世音菩薩有三十三種應化身，而在《楞嚴經》第六卷講的是觀世音菩薩耳根圓通法門，裡面有三十二種應化身，實際上，觀世音菩薩有千百億種應化身。在此段經文之中，重複提出所有的菩薩及阿羅漢們都有應化身，有種種的需要時，他們就會現出不同的身分。

云何是人，惑亂眾生，成大妄語？汝教世人，修三摩地，後復斷除，諸大妄語，是名如來，先佛世尊，第四決定清淨明誨。

佛對阿難說：「怎麼會有像這樣子的人，說自己是佛菩薩或阿羅漢，而來惑亂眾生？這是要成為大妄語的。阿難，你教世人修三摩地以後，必須斷除諸大妄語，這是如來、先佛世尊教法中，修行的第四個決定清淨明誨。」

是故阿難！若不斷其大妄語者，如刻人糞，為栴檀形，欲求香氣，無有是處。我教比丘，直心道場，於四威儀，一切行中，尚無虛假，云何自稱，得上人法？

佛對阿難說：「任何人如果不斷大妄語，就好像把人的大便刻成檀香的形狀，希望從中得到香氣，怎麼會有這樣的可能呢？我教比丘們應該是以直心為道場，四威儀就在一切行、住、坐、臥的行為之中，沒有任何虛假，怎麼還會向人自稱已得到上人法呢？」

超越世俗人的一種果證之人，為「上人」，「上人法」指的是解脫法，也就是菩薩法。

「栴檀」就是檀香，這種檀香生長在南印度的山區裡，到現在為止所燒的香料，製香的最好原材，還是旃檀香。

「直心道場」，在《維摩經》裡講的直心，不是用歪曲或虛假的心來對待人，不是以虛偽的心來與人相處，那就是在修道。道場是修道的所在，不一定只有在打坐時才是道場，「直心」是隨時隨地，心都可以是不動煩惱的，是直的，沒有歪曲、虛偽、假造的妄念心，這就是修菩薩道的道場。

譬如窮人，妄號帝王，自取誅滅。況復法王，如何妄竊？因地不真，果招迂曲，求佛菩提，如噬臍人，欲誰成就？

佛說，譬如有窮人自稱是國家的帝王，讓政府官員知道以後，會認為他是想造反，謀取政權，而將這個窮人抓起來殺掉，何況是法王？法王是佛法中的王，比人間的帝王更重要了。所謂法王，是已實證悟境，他的智慧與慈悲不但超過凡夫，也超過了所有的聖人。聖人是十地前的十地菩薩及二乘之聖人，他們都沒有辦法像佛一樣，有這麼大的慈悲心來救度眾生。如果隨便說自己是法王，這個罪過就大了，雖然佛不會派人來殺你，然而你已種下了這個不真實的因，在果上就會遭遇到很多的麻煩，而沉淪至三惡道去。

「求佛菩提，如噬臍人」，像這樣的人要成就佛的無上菩提，就如有人想咬自己的肚臍一樣，又有誰能成就得了呢？臍帶自出生以後就掉了，只剩下肚臍眼，若是想咬自己的肚臍眼，哪有可能？經常有人後悔的時候，就被形容為「噬臍莫及」，即是已經來不及了，也沒有人能幫助得了你。

> 若諸比丘，心如直弦，一切真實，入三摩地，永無魔事。我印是人，成就菩薩，無上知覺。如我所說，名為佛說；不如此說，即波旬說。

此為《楞嚴經》第六卷的最後一段經文，也就是與觀音法門相關的最後一段話。釋迦牟尼佛最後對阿難說：「如果比丘們的心像拉直的弦，沒有歪曲、沒有曲弧，一切都是真實的，這樣就能夠進入三摩地，不會再受到魔境之擾亂，或者讓魔王、魔鬼進入你的體內。我就會說這種人已成就了菩薩的無上知覺。像我這樣說，即為佛說，不這樣說，便是魔王所說。」

「無上知覺」，實際上就是無上正等正覺。然而無上正等正覺的知見和覺性，還沒有成就佛道，這是菩薩無上的知見和覺性。

以上所講的四種清淨明誨，主要是講如何避免墮入魔境與墮入魔道，而來修學清淨、正確、正法之佛道。

《楞嚴經》第六卷本來是講觀世音菩薩的耳根圓通法門，但是這個世界上仍有許多人妄認為自己已經是佛、已經是大菩薩、已經是阿羅漢。釋迦牟尼佛就很慈悲地對阿難說了以上的四種清淨明誨，希望能夠接引他們、攝受他們，讓他們知道其所學的、所行的是邪道，而使他們真正能夠歸入佛法的正道，修行觀音法門的三摩地。修行此三摩地者，第一要斷淫、第二要斷殺、第三要斷偷、第四要斷妄語，如此修行，便不會墮入邪師邪說的魔道中去了。

（二〇〇七年五月二日聖嚴修訂於臺北市中正精舍）

註釋

❶ 以上是聖嚴法師在美國紐約東初禪寺開示的《楞嚴經》之卷六，觀世音菩薩耳根圓通法門，由於四種清淨明誨只講到第三種清淨明誨「不偷盜」的一部分，於是在臺灣錄音補充沒有講完的經

文，完整地解釋清楚。講的方式和以往的形式相同，不過少了一些譬喻與例子。

國家圖書館出版品預行編目資料

觀音妙智：觀音菩薩耳根圓通法門講要 / 聖嚴法師著. -- 二版. -- 臺北市：法鼓文化，2021.05
面；　公分
ISBN 978-957-598-910-1（平裝）

1. 密教部

221.94　　　　110003452

現代經典 10

觀音妙智——觀音菩薩耳根圓通法門講要

The Subtle Wisdom of Bodhisattva Kuanyin (Avalokitesvara): The Practice of Kuanyin's Perfect Penetration Through the Ear

著者　聖嚴法師
出版　法鼓文化
總審訂　釋果毅
總監　釋果賢
總編輯　陳重光
編輯　詹忠謀、李書儀
封面設計　謝佳穎
內頁美編　胡琡珮
地址　臺北市北投區公館路一八六號五樓
電話　(02)2893-4646
傳真　(02)2896-0731
網址　http://www.ddc.com.tw
E-mail　market@ddc.com.tw
讀者服務專線　(02)2896-1600
初版一刷　二〇一〇年一月
二版二刷　二〇二三年十一月
建議售價　新臺幣三〇〇元
郵撥帳號　50013371
戶名　財團法人法鼓山文教基金會—法鼓文化
北美經銷處　紐約東初禪寺
Chan Meditation Center (New York, USA)
Tel: (718) 592-6593　E-mail: chancenter@gmail.com

法鼓文化